Edmund Nick, Dr. jur., Komponist, Dirigent, Musikschriftsteller, geboren am 22. September 1891 in Reichenberg/Böhmen, gestorben am 11. April 1974 in Geretsried bei München. 1924–33 Musikalischer Leiter des Breslauer Senders. 1929 entsteht in Zusammenarbeit mit Erich Kästner das Funkspiel, das später die Bühnen erobert: »Leben in dieser Zeit«. 1933–35 Musikalischer Leiter des Kabaretts »Die Katakombe«, Berlin. 1936–40 Chefdirigent am Großen Schauspielhaus, Berlin. Ab Herbst 1945 mit Erich Kästner und Rudolf Schündler Aufbau und Leitung des Kabaretts »Die Schaubude«, München. 1947–48 Chefdirigent der Bayerischen Staatsoperette. 1949–52 Professur an der Münchner Musikhochschule. 1952–56 Leiter der Hauptabteilung Musik am WDR Köln. Edmund Nick schrieb Lieder, Chansons, Bühnen- und Filmmusiken, Operetten, Musik für Lustspiele (»Das kleine Hofkonzert«), Musikkritiken u.a. für die »Neue Zeitung«, die »Welt« und 1963–73 für die »Süddeutsche Zeitung«.

edition monacensia
Herausgeber: Monacensia
Literaturarchiv und Bibliothek
Dr. Elisabeth Tworek

Die *edition monacensia* präsentiert ausgewählte Werke renommierter Münchner AutorInnen des 20. Jahrhunderts, deren literarische Arbeiten von der Monacensia – Literaturarchiv und Bibliothek betreut werden. Neben Neuausgaben viel gesuchter Bücher erscheinen Ersteditionen aus den Beständen der Monacensia, die von kompetenten Herausgebern eingeleitet werden.

Edmund Nick

Das literarische Kabarett
»Die Schaubude«
1945–1948

Seine Geschichte in Briefen und Songs

Herausgegeben und kommentiert
von Dagmar Nick

edition monacensia
im
Allitera Verlag

Der Allitera Verlag ist ein Books on Demand-Verlag der Buch&media GmbH, München. Dieser Verlag publiziert ausschließlich Books on Demand in Zusammenarbeit mit der Books on Demand GmbH, Norderstedt, und dem Hamburger Buchgrossisten Libri. Die Bücher werden elektronisch gespeichert und auf Bestellung gedruckt, deshalb sind sie nie vergriffen. Die Bücher des Allitera Verlages sind über den klassischen Buchhandel und Internet-Buchhandlungen zu beziehen.

Weitere Informationen über den Verlag und sein Programm unter: www.allitera.de

Die Deutsche Bibliothek – CIP-Einheitsaufnahme
Ein Titeldatensatz für diese Publikation
ist bei der Deutschen Bibliothek erhältlich.

Gleichzeitig mit diesem Buch erscheint eine CD bei *Russki Record* mit Chansons von Erich Kästner in der Vertonung von Edmund Nick: *Das Leben ohne Zeitverlust,* gesungen von Susanne Brantl, am Flügel begleitet von Gerold Huber. Mehr dazu unter *www.susanne-brantl.de*

Februar 2004
Allitera Verlag
Ein Books on Demand-Verlag der Buch&media GmbH, München
© 2004 für diese Ausgabe:
Monacensia Literaturarchiv und Bibliothek
Leitung: Dr. Elisabeth Tworek
und Buch&media GmbH, München
Umschlaggestaltung: Kay Fretwurst
Herstellung: Books on Demand GmbH, Norderstedt
Printed in Germany · ISBN 3-86520-026-5

Inhalt

Vorwort 7

Wie bei der Erschaffung der Welt 14

Endlich im eigenen Haus 55

Vorbereitungen zum zweiten Programm 80

»Für Erwachsene verboten« 113

Täglich neue Texte, täglich Proben 130

Erschöpfung wird spürbar 171

Ein Ensemble zerfällt 185

Zum Abschied: »Bitte recht friedlich« 200

Nachwort 205

Personenregister 207

Quellennachweis 212

Vorwort

Im Mai 1924, sieben Monate nach der Gründung der ersten deutschen Sendeanstalt in Berlin, erhielt auch Breslau einen eigenen Sender, dessen musikalische Leitung man dem Komponisten Edmund Nick übertrug. Man kannte ihn als Kapellmeister der Breslauer Schauspielbühnen, für die er gelegentlich Bühnenmusiken schrieb oder arrangierte und einstudierte. Man kannte ihn ebenso als Musikkritiker der Breslauer Morgenzeitung und als hochgelobten Begleiter bei Liederabenden.

In jener Zeit steckte der Rundfunk noch in den Kinderschuhen, die Sendezeit war auf 16 Stunden begrenzt, das mußte genügen. Nachts wurde geschlafen. Auf dem Abendprogramm standen *heitere und ernste Darbietungen*, Kammermusik, Opernarien und Rezitationen, zuweilen wurden Szenen aus bekannten Bühnenstücken als sogenannte Sendespiele mit verteilten Rollen gelesen. Hörspiele, speziell für den Funk geschrieben, gab es noch nicht. Als dann 1925 der Posten des Literarischen Leiters neu besetzt werden sollte, holte Edmund Nick den Schriftsteller Friedrich Bischoff an den Sender, einen Mann, der von Anfang an ahnte, welche Möglichkeiten in diesem neuen technischen Medium schlummerten. Man mußte sie nur wecken. Hörfolgen oder Hörsymphonien sollte es geben, poetisch sollten sie sein, aber nicht verblasen, modern sollten sie sein, rasant wie die Zeit, in der man lebte, Tempo sollten sie haben. Freilich suchte Friedrich Bischoff nicht nach irgendwelchen Texten – nein, es waren die Dichter des Landes, die er zur Mitarbeit aufrief. Fehlanzeige. Auf dieses unbekannte Terrain wollte sich keiner begeben. Da schrieb sich der Literarische Leiter seine Hörspiele selber und ließ sie von seinem »Hauskomponisten« Edmund Nick, sozusagen vom Nebenzimmer aus, vertonen. Eines davon, das 1929 entstand, hieß »Song«, eine Textur aus Gedichten, Musikfetzen, Schlagzeilen der Tagespresse und schnoddrigen Chansons, und wurde nicht nur vom Breslauer Sender ausgestrahlt, dessen Radius über Schlesien ja nicht hinausreichte, sondern auch vom Berliner Funkhaus übernommen, wo Friedrich Bischoff es mit dortigen Kräften noch einmal in einer öffentlichen Aufführung inszenierte. Kurt Weill und Alfred Kerr saßen in der ersten Reihe, und es ist denkbar, daß ein paar Reihen dahinter ein junger Dichter namens Erich Kästner saß und sofort wußte, daß diese völlig neue Kunstform eine Zukunft haben würde. Auch für ihn. Jedenfalls erschien er bereits im Herbst desselben Jahres in Breslau am Sender und präsentierte dort ein Manuskript, das er »Lyrische Suite in drei Sätzen« nannte. Nick und Bischoff lasen es mit Begeisterung, fanden allerdings den Titel etwas zu zahm. So wurde es umbenannt in »Leben in dieser Zeit«. Natürlich sollte das Werk möglichst umgehend vertont werden. Wer kam dafür in Frage? Nick hatte mit der Bewältigung des täglichen Musikprogramms, von der Planung bis zur Produktion, mehr als genug zu tun. Aber es gab ja Kurt Weill, der gerade auf der Erfolgswoge seiner »Dreigroschenoper« schwamm! Man schickte ihm Kästners Texte und Nick fuhr persönlich zu ihm, um die Dringlichkeit des Auftrags zu unterstreichen. Doch Weill lehnte ab, er war mit einer anderen Arbeit beschäftigt, und da er Edmund Nicks Song-Vertonung gehört hatte, sagte er: »Nick, machen Sie das doch!«

So wurde Edmund Nick der Komponist von Erich Kästners »Leben in dieser Zeit«. Immer wieder fuhr er zwischen der Arbeit, sobald einige Songs vertont waren, zu Kästner nach Berlin, um ihm in dessen Hinterhauswohnung in der Roscherstraße auf einem alten braunen Klavier die neuen, gerade fertig gewordenen Chansons vorzuspielen. Es war eine glückliche Zeit und der Beginn einer lebenslangen Freundschaft. Am 14. Dezember 1929 fand im Sendesaal des Breslauer Rundfunks die Ursendung statt. Andere Sender folgten mit eigenen Produktionen, und bald gab es sowohl konzertante wie szenische Aufführungen an fast allen größeren deutschen Bühnen – bis 1933 die neuen Machthaber jede weitere Aufführung des Werkes verboten.

Das Jahr 1933 bedeutete für die beiden Freunde eine Zäsur. Aber keine Trennung. Kästner lebte in Berlin, Nick vorerst noch in Breslau, wo er gemeinsam mit Friedrich Bischoff versuchte, den als »Kulturinstitution« angesehenen Sender nicht zum Forum der Nazis für ihre Parolen werden zu lassen. Vergebens. Am Samstag vor »Reminiscere«, als man im Funkhaus gerade ein von Rudolf Binding verfaßtes Sendespiel zu Ehren der Gefallenen des Ersten Weltkrieges probte, besetzte eine Horde von SA-Männern das Haus und drohte, die für den nächsten Abend angesetzte Sendung zu verhindern, falls der jüdische Schauspieler Robert Marlitz, einer der besten Sprecher, nicht durch einen »arischen« ersetzt würde. Einer solchen Erpressung war nicht standzuhalten. Noch am selben Nachmittag fuhr Rudolf Binding zu Marlitz, um ihm diese Zwangslage zu schildern. Marlitz nahm sich das Leben.

Jetzt ging es Schlag auf Schlag. Am 15. März 1933 wurde Hans Bredow, »der Vater des Deutschen Rundfunks«, seines Amtes enthoben. Am 1. April wurde Friedrich Bischoff gefeuert, zehn Tage später auch Edmund Nick. Er ging nach Berlin, um die dortige Lage zu sondieren. Im Café Leon am Kurfürstendamm traf er Erich Kästner, wie üblich an einem kleinen runden Marmortisch sitzend, Gedichte schreibend, was sonst. Da saßen sie sich nun vis-à-vis – und zugleich vis-à-vis du rien.

Aber es gab doch die »Katakombe«! Das aufmüpfig freche Kabarett in der Lutherstraße, das unter der Regie von Werner Finck und Rudolf Platte so völlig aus dem Rahmen der schicken Berliner Kabaretts herausfiel. Hier war man jung, hier trat man in billigen Straßenanzügen auf, ganz locker. Auch mit dem entsprechend lockeren Mundwerk. Vielleicht konnten Kästner und Nick dort mit einigen ihrer Songs in Erscheinung treten? Ja, es war möglich. Allerdings nur unter falschem Namen. Kästner, dessen Bücher am 10. Mai 1933 auf dem Scheiterhaufen loderten, hatte Publikationsverbot. Nicks Kompositionen durften nicht mehr aufgeführt werden. Doch Werner Finck machte den beiden Mut, weiter zu arbeiten und ernannte im September 1933 Edmund Nick zum Musikalischen Leiter der »Katakombe«. Wenn Kästner ein paar harmlose, politisch unverdächtige Chansontexte schrieb, konnte Nick, der alsbald von allen nur noch »Nicki« genannt wurde, sie gleich komponieren. Unvergessen blieb die Entstehung des Tangoliedes »Ja, das mit der Liebe«, das Kästner gerade an seinem Tischchen im Café Leon zu Ende geschrieben hatte, als Nicki sich zu ihm setzte. Kästner schob ihm das mit Bleistift Geschriebene zu, Nicki las es und eilte nach Hause, um es sofort zu komponieren. Schon am nächsten Abend wurde es in der »Katakombe« gesungen. Die jungen Damen des Ensembles, Ursula Herking, Tatjana Sais und Inge Bartsch lernten leicht und waren hingerissen von den neuen Songs: Jeder Auftritt war für sie ein Vergnügen. Die Honorare freilich waren es weniger. Die Einnahmen der Abendkasse wurden brüderlich unter den Mitgliedern geteilt. Ihre Namen, damals noch kaum über Berlin hinaus bekannt, haben ruhmreich das Tausendjährige Reich überdauert: Günter Lüders, Ernst Busch, Bruno Fritz, Henry Lorenzen, Isa Vermehren, Dolly Haas, Kadidja Wedekind, Kate Kühl, Robert A. Stemmle, Walter Behr und Theo Lingen.

Das Leben war inzwischen anders, es war sehr bescheiden geworden. Edmund Nick holte seine Familie nach Berlin in eine winzige Wohnung im vierten Stock der Zähringerstr. 1: seine Kinder Dagmar und Anselm und seine Frau, die Konzertsängerin Kaete Nick-Jaenicke, die ihrer jüdischen Abstammung wegen nicht mehr auftreten durfte. Auch Gesangsschülerinnen durfte sie nun keine mehr unterrichten. Dennoch wagte es Werner Finck, sie 1934 für einige Monate als Diseuse in der Katakombe auftreten zu lassen. Die Gefahr, entdeckt zu werden, das Bewußtsein, im nächsten Augenblick durch ein einziges unbedachtes Wort für immer in einem Lager verschwinden zu können – dieses Gefühl war permanent. An jedem Abend saßen einige von der Geheimen Staatspolizei beorderte Aufpasser in der »Katakombe«, nicht unbedingt an einer Uniform kenntlich, sondern vielmehr an dem Notizbuch, das auf ihren Knien lag und in das sie eintrugen, welche Witze ihnen politisch verdächtig erschienen, ob das Publikum womöglich darauf mit Beifall reagierte und auch wie hoch der Prozentsatz von Juden in dem 200 Personen fassenden Saal war. Nur einmal hatten Kästner und Nick, der wie immer dort abends am Flügel saß, eine hübsche heimliche Freude: als in der Vorstellung der Silvesternacht 1933 ein Riese in SA-Uniform an den Flügel trat und bat, ob man nicht das schöne Lied »Man müßte wieder sechzehn Jahre sein« spielen könnte? Gern tat man dem Ahnungslosen, der nicht wußte, daß es sich dabei um ein Lied aus »Leben in dieser Zeit« handelte, den Gefallen. Er war der Führer der Standarte 1, die Kästners Bücher verbrannt hatte.

Siebzehn Monate nach jener Silvesternacht war die Schonzeit für die »Katakombe« vorbei. Die Berichte der Geheimen Staatspolizei über das *hochverräterische Treiben* dieses Kabaretts mußten inzwischen ganze Aktenordner gefüllt haben. Allabendlich notierte man eine *Verunglimpfung bzw. Verächtlichmachung der Maßnahmen der Reichsregierung*, schilderte wortgenau Werner Fincks raffiniert in gestotterten Halbsätzen versteckte Kritik am Staate, und empfahl schließlich, diese *Brutstätte jüdischer und marxistischer Propaganda während der Vorstellung zu schließen und sämtliche Beteiligte einschließlich des Publikums in Schutzhaft zu nehmen.* Dieser Empfehlung vom 6. Mai 1935 wurde zwar nicht in vollem Umfang stattgegeben, aber vier Tage später, am 10. Mai 1935, war es so weit: Die »Katakombe« wurde *auf Grund der Verordnung zum Schutze von Volk und Staat mit sofortiger Wirkung polizeilich geschlossen.*

Nun konnten die Freunde, sofern sie nicht wie Werner Finck ins Konzentrationslager verbracht worden waren, sich in aller Ruhe, oder eher in Unruhe, wieder im Café Leon begegnen. Pläne waren nicht mehr zu schmieden. Jeder mußte sehen, auf seinem Gebiet eine Arbeit zu finden, wo auch immer. Edmund Nick fand die Möglichkeit, für Werbe- und Kurztonfilme Musik zu schreiben – ohne daß dabei sein Name im Vor- oder Nachspann genannt werden durfte. Einige Ensemblemitglieder der »Katakombe«, die nicht aufgeben wollten, versuchten noch in den alten Räumen ein neues Kabarett mit dem Namen »Tatzelwurm« zu etablieren, doch auch ihm wurde sehr bald von den Nazis das Lebenslicht ausgeblasen.

Da hielt es Edmund Nick für das Beste, wenigstens vorübergehend aus Berlin zu verschwinden. Mit einem Libretto im Koffer fuhr er zu Verwandten in die Slowakei und komponierte dort das von Toni Impekoven und Paul Verhoeven verfaßte Lustspiel »Das Kleine Hofkonzert«. Es gab Freunde, Fürsprecher, Helfer: Ein so unterhaltsames, politisch unbedenkliches Biedermeierstück mit Nicks Musik auf die Bühne zu bringen, mußte erlaubt sein. Bereits im November 1935 wird es in den Münchner Kammerspielen uraufgeführt, sechs Monate später nimmt Gustaf Gründgens das Stück für das Berliner Staatstheater an. Von nun an findet es seinen Weg über fast alle deutschen Bühnen.

Im Jahr darauf gelingt Edmund Nick ein ebenso riskanter wie glücklicher Sprung zurück ans Dirigentenpult: Er wird der Musikalische Leiter des Großen Schauspielhauses, des späteren »Theaters des Volkes«. Der Intendant, der ihm zu dieser Stellung verhilft, heißt Walther Brügmann, ein unverbrüchlicher Freund und großer Regisseur, der wegen seiner modernen Inszenierungen allerdings von den Nazis mit Argwohn betrachtet und schließlich von ihnen des Landes verwiesen wird. Bald darauf wendet sich auch für Edmund Nick das Blatt: Bei einer Überprüfung der Theaterverträge stellt man fest, daß bei ihm der Ariernachweis seiner Ehefrau fehlt. Und da er nicht beizubringen ist, wird Edmund Nick von einem Tag auf den anderen entlassen. Von jetzt an heißt es wieder, von der Hand in den Mund zu leben, sich durch kleine Bühnenmusiken über Wasser zu halten, abends als Pianist am Schiffbauerdamm-Theater zu tingeln, zu warten, ob das Telefon klingelt und ein Filmproduzent anruft, der Musik für einen Kultur- oder Spielfilm haben möchte. Nicks Musik, zur leichten Muse gerechnet, wird gebraucht, die Filmindustrie hat dafür zu sorgen, die Bevölkerung durch heitere Unterhaltung abzulenken von dem, was ringsum passiert – man steckt ja mitten im Krieg. Die Arbeit beim Film bedeutet für viele eine finanzielle Rettung, auch für Edmund Nick. Und das Schönste ist, daß er bei den Proben in den Babelsberger Filmstudios immer wieder den alten Freunden begegnet: Erich Kästner, Günter Lüders, Rudolf Platte, Ursula Herking. Auch lernt er neue dort kennen: den jungen Librettisten Gerhard Metzner, der gerade den »Talisman«, ein Lustspiel von Nestroy, bearbeitet, das später »Titus macht Karriere« heißen soll, und der fragt, ob Edmund Nick nicht Lust hätte, die Musik dazu zu liefern. Nichts lieber als das! Die Zusammenarbeit mit Gerhard Metzner erweist sich als ideal, und weil der junge Mann in Berlin verzweifelt nach einem möblierten Zimmer sucht und bei Nicks gerade eins zur Verfügung steht – denn Anselm, der Sohn, ist zur Wehrmacht abkommandiert – zieht Metzner also zu den Nicks. Nachts sitzt man gemeinsam im Luftschutzkeller, hofft, von den Bomben verschont zu bleiben und spricht über Nestroy: Das Theater in der Behrenstraße wird das Stück, mit Rudolf Platte in der Hauptrolle, herausbringen. Die alten Freunde halten zusammen. Doch im Dezember 1943 ist es mit dem Musenrefugium der Nickfamilie vorbei, die Wohnung wird von einer Luftmine getroffen. Was intakt geblieben ist, wird nach Böhmen verfrachtet und in einem Magazin untergestellt. Nicht alle Noten konnten gerettet werden. Aber das Leben.

Inzwischen haben fast alle Freunde Berlin verlassen und irgendwo auf dem Lande als Evakuierte einen Unterschlupf gefunden. Edmund Nick vermißt seinen Flügel, das Musizierenkönnen, doch er besitzt noch eine Schreibmaschine, und also entdeckt er für sich ein neues Tätigkeitsfeld, die Schriftstellerei. Er verfaßt für den Sikorski-Verlag die erste Biographie über Paul Lincke, erhält von der Presse das höchste Lob und von Sikorski sofort einen neuen Auftrag, nun ein Buch über die Geschichte der klassischen Operette zu schreiben. Es erscheint 1944 unter dem Titel »Vom Wiener Walzer zur Wiener Operette«. Da stehen die Truppen der Alliierten bereits vor den Toren des längst zerschmetterten Landes.

Ende Januar 1945 ist es Zeit, in Böhmen die Koffer zu packen. Am 22. Februar verläßt der letzte zivile Zug mit Flüchtlingen das Sudetenland Richtung Bayern. Die Nicks sind dabei. In Lenggries, nahe München, werden sie Aufnahme finden und wenig später erleben, wie die Dörfler dort die amerikanischen Panzer mit weißen Fahnen begrüßen. Das Hakenkreuz ist verschwunden, der Krieg ist vorbei, man stellt mit Verwunderung fest, daß man das Tausendjährige Reich überlebt hat, man denkt nicht zurück. Man fragt nur: Wo sind die Freunde, die man zuletzt aus den Augen verlor? Telefonverbindungen gibt es nicht mehr. Auch keine Post. Doch als gäbe es Buschtrommeln, weiß plötzlich jeder etwas von jedem, es spricht sich herum, daß Erich Kästner mit einer Filmexpedition der Ufa in Mayrhofen im Zillertal ist, irgendwer hat ihn aber in München getroffen, auf der Maximilianstraße, wo sich täglich die Versprengten, die Verschworenen früherer Tage wiederfinden und einander mit Jubelgeschrei in die Arme fallen. Die Amerikaner, hört man, wollen Kästner als Feuilletonchef an ihre »Neue Zeitung« verpflichten. Gerhard Metzner will angeblich in München eine »Kleine Komödie« gründen. Und Rudolf Schündler möchte ein Kabarett aufmachen, das »Schaubude« heißen soll. Wo er damit herauskommen wird, weiß er noch nicht. Wahrscheinlich in den Kammerspielen, im August oder September, bevor dort die Spielzeit beginnt. Schündler hat Pläne. Allerdings keinen einzigen neuen, zeitbezogenen Text. Als Kästner ihm über den Weg läuft, fleht Schündler ihn an, für ihn etwas Neues zu schreiben, es eilt, er sei bereits bei den Proben. Was er denn bringen werde, fragt Kästner. Unterhaltung: Texte von Ringelnatz, Villon, Baudelaire, Blackouts, Tanzszenen, hübsche Mädchen …

Kästner hat keine Lust.

Es werden auch drei Gedichte von Kästner dabei sein – aus dem Jahr 1928 …

Kästner fährt wieder aufs Land.

Jetzt mobilisiert Schündler seine Mitstreiter Otto Osthoff und Eberhardt Schmidt. Sie beknien Kästner selbdritt: Dieses erste, gewiß ein wenig zusammengestoppelte Programm sei ja bloß, wie sein Titel schon sagt, »Der erste Schritt«. Sobald die Schaubude in einem eigenen Haus spielen wird – welche Hoffnung mitten in den Ruinen! – wird es ein neues Programm geben, literarisch-politisches Kabarett, wie einst in der »Katakombe«. Kästner muß dafür schreiben! Edmund Nick, der andauernd in München zu sehen ist, würde doch sicherlich mitmachen!

Ja, dann ja. Fragt den Nicki.

Dagmar Nick

Wie bei der Erschaffung der Welt

Jahrzehntelang unangetastet stand ein Karton mit 170 Briefen meines Vaters Edmund Nick bei mir. Jetzt habe ich sie gelesen. Sie stammen aus der Zeit zwischen Kriegsende 1945 und der Währungsreform 1948, als er von meiner Mutter und mir getrennt lebte, nämlich in einem Zimmer in München, während wir noch als »Flüchtlinge« in Lenggries wohnten. In München hatte mein Vater seinen alten Freund und Weggenossen Erich Kästner getroffen, seit Oktober 1945 Feuilletonchef der »Neuen Zeitung«, der »unsern Nicki« als Musikkritiker an dieses famose Blatt holte und beschloß, wieder mit ihm, wie einst in Berlin, literarisches Kabarett zu machen.

Viele Jahre später widmete die Radiozeitung »Hörzu« (1964, Nr. 43) dem Ereignis des Spätsommers 1945 einen Artikel unter der Überschrift: »Die Schaubude, Erinnerungen an das erste Nachkriegskabarett«:

Deutschland lag in Trümmern. Und in jener trostlosen Zeit wurde in München ein Kabarett gegründet – das erste literarische Kabarett nach dem Zweiten Weltkrieg. Es bekam den Namen »Die Schaubude«. Aber wo sollte man auftreten? Erich Kästner berichtet: »Bis zum Herbst standen uns, mit Erlaubnis des Magistrats, die ›Kammerspiele‹ zur Verfügung. Dann würde man uns hinauswerfen. Also brauchten wir ein eigenes Haus. Und, o Wunder, wir fanden eines! In der Reitmorstraße.« Das Gebäude war zerstört. Nachdem es hergerichtet worden war, ging der Vorhang auf – am 12. April 1946. Dem damaligen Ensemble gehörten Erich Kästner als Hausdichter und Edmund Nick als Hauskomponist an. Außerdem schrieben Axel von Ambesser und Herbert Witt zeitkritische Szenen und Texte. Zu den Akteuren, die sie auf der Bühne spielten und vortrugen, zählten u.a.: Ursula Herking, Karl John, Bum Krüger, Hellmuth Krüger und Karl Schönböck. 1948, kurz nach der Währungsreform, ging die Schaubude zugrunde. »Wir haben sie geliebt, die Frühverstorbene«, erinnert sich Erich Kästner. »Sie ging nicht nur ein wie ein welker Primeltopf. Sie ging außerdem ein: in die Geschichte des deutschen Kabaretts …«

Die künstlerische Leitung lag in den Händen von Otto Osthoff und Rudolf Schündler, die das Eröffnungsprogramm »Bilderbogen für Erwachsene« inszenierten. Der brillante Hellmuth Krüger konferierte, es spielten mit: Karl John, Bum Krüger, Margarete Haagen, die zwei Jüngeren Inge Bartsch und Ursula Herking – die beide einst, 1934, neben Nick, Kästner und Schündler am Berliner Kabarett »Die Katakombe« mitgewirkt hatten –, Sepp Nigg, ein »echter Bayer«, ferner zwei Damen, deren Namen später nicht wieder auftauchten, die Debütantin Petra Unkel und Chiqui Jonas, die im bürgerlichen Leben einen ganz anderen Namen, aber im Bett eines der künstlerischen Leiter ein warmes Plätzchen hatte. Die Schaubude selbst war natürlich, mangels Kohlen, ungeheizt; die Mäntel, die seit langer Zeit nicht mehr gereinigt werden konnten und mit uns, die wir so gut wie keine Seife mehr kaufen konnten, oft einen etwas strengen Geruch verbreiteten, behielt man an.

Die Vorarbeiten für das erste Schaubuden-Programm begannen für Erich Kästner und Edmund Nick bereits im Herbst 1945, als die beiden in München in der Pension Dollmann wohnten, wo noch immer einige, von den Luftminen herausgesprengte Fensterscheiben fehlten und Kästner feststellte, er habe sich »infiziert«:

»Es handelt sich um einen Anfall von Arbeitsfieber. In den Ruinen geistert nicht die Cholera. Es grassiert die Influenza vitalis, eine kerngesunde Epidemie … Alle Welt scheint am Werke, einen Überfrühling der Künste vorzubereiten. Daß man wie ein Zigeuner leben muß, hinter zerbrochenen Fenstern, ohne Buch und zweites Hemd, unterernährt, angesichts eines Winters ohne Kohle, niemanden stört das. Keiner merkt's. Das Leben ist gerettet. Mehr braucht's nicht, um neu zu beginnen. Wir arbeiten Tag und Nacht. Es geht zu wie bei der Erschaffung der Welt.« (Kästners Notiz, Juni/Sept. 1945)

Die nun in Auszügen folgenden Briefe meines Vaters geben nicht nur ein Bild von der Entstehung der Schaubude, sondern zeichnen auch ein Bild jener Zeit, die den »Nachgeborenen« nur verständlich wird, wenn ich immer wieder Fußnoten und Zitate dazwischen streue und mit Namen überrasche, die damals von höchster Wichtigkeit waren und heute zumeist vergessen sind. Dazu gehört z.B. der Bruder meiner Mutter, bei dem wir wohnten, Wolfgang Jaenicke, einst Regierungspräsident von Potsdam, jahrelang Berater von Tschiang Kai-schek in China, von den Nazis entlassen, nach Kriegsende sofort von der Bayerischen Regierung »angeheuert«, um Staatssekretär für »das Flüchtlingswesen« zu werden. Er war ein allmächtiger Mann, auch die Vergabe von Wohnraum für Flüchtlinge fiel in sein Ressort, was meine Mutter hoffen ließ, endlich eine Wohnung in München zugeteilt zu bekommen. Aber da war unser Nicki eisern dagegen: nur kein Nepotismus, keine Begünstigung!

Wir, meine Mutter Katja und ich, jammerten sehr, daß Nicki nur noch sporadisch zu uns nach Lenggries kommen konnte, weil er ja pausenlos eingespannt war: er mußte Musikkritiken für die »Neue Zeitung« schreiben; er vertonte Chansons für das erste Schaubuden-Programm, das in Vorbereitung war; er probte mit Sängern und kämpfte mit Tänzern, die für irgendeine Tanzeinlage gebraucht wurden; er mußte, nachdem er in der Gewürzmühlstraße ein möbliertes Zimmer gefunden hatte, sich um Holz und Kohlen für den Ofen kümmern; anfangs fehlte ihm auch noch ein Klavier oder Flügel; überdies war er unserem alten Freund, dem Dramaturgen und Librettisten Gerhard Metzner begegnet, der gerade dabei war, in einer vergammelten Ruine seine »Kleine Komödie« einzurichten, um dort ein Lustspiel zu inszenieren, für das Nicki nun noch schnellstens etwas komponieren sollte.

München, 3.1.46

Geliebteste Katja!
Am 6.1. muß ich mir abends in Dachau – 16 km – Hänsel und Gretel anhören. Also kann ich nicht zu Euch – was mich sehr traurig macht. Das Auto der N[euen] Z[eitung] bringt mich hin und her. Erich [Kästner] fragte auch, wie er es machen solle, daß ein Artikel über die Not in Schlesien, eventuell eine Anrufung der polnischen Regierung durch eine große Persönlichkeit, sie sollen endlich human sein, zustandekommt. Ich verwies ihn an Wolfgang [Jaenicke]. Er will ihn anläuten. Hans Habe und Wallenberg[1] sind nach Nauheim[2] befohlen. Die Sonntagsnummer erscheint erst Montag. Dicke Luft?

---

[1] Hans Habe und Hans Wallenberg mußten beide 1933 Deutschland verlassen, kehrten als Offiziere der amerikanischen Besatzungsarmee zurück und wurden als Chefredakteure der »Neuen Zeitung« eingesetzt.
[2] In Nauheim saß die amerikanische Militärregierung.

Wolfgang besuchte ich gestern im Amt; saß eine Stunde dabei, wie ein Referent nach dem andern, manchmal auch drei oder vier gleichzeitig, von ihm abgefertigt wurden. Es geht um Decken, Strohsäcke, Matratzen, Baracken – niemand will Geld dafür hergeben – er fürchtet, daß eine Riesenkatastrophe eintritt, wenn jetzt die Tschechen eine halbe Million Frauen, Kinder und Greise einfach im härtesten Winter losschicken; die arbeitsfähigen Leute bleiben zurück. Es ist ein Skandal! Er will aber, falls er nicht *mehr* Hilfe, ein paar Amtsräume, Schreibmaschinen, Tippsen etc. bekommt, *abdanken*. Es würde aber eine solche mögliche Katastrophe auch der bayerischen Regierung den Kopf kosten. Die Pressenotiz über seine Ernennung hat *er* zurückgehalten. Er war sehr abgearbeitet, aber doch auch sehr agil und ganz in seinem Element, wie ein Fisch im Wasser.

Durch den ewig säumigen Rudi Schündler, der mich gestern mittags in den »Spaten« schleppte, verpaßte und vergaß ich auch, daß Wolfgang C[olden][1] zu mir kommen wollte. Ich war sehr unglücklich, daß er mit Inge F. umsonst gewartet hat, sie brachte mir Schoko und Zigaretten mit. Die Schoko fraß ich aus Wut über mich auf einen Sitz auf. Eine der Zigarren rauchte ich abends bei Hilli [Wildenhain].[2] Es waren [Otto] Osthoff, mit dem sie so etwas wie verlobt ist, Ursula Herking, die ein Pflaster auf der Backe trägt und ein jüngerer Mensch, der wie ein Schauspieler aussieht und offenbar ihr neuster Kavalier ist, zugegen.

... Heute war große Konferenz im Theater. Der Bau geht rasch vorwärts, die Leitungen werden schon unter Putz verlegt. Es handelte sich um die Ausgestaltung des Orchesters – Platz für die Flügel, Souffleurkasten, Laufsteg, quasi als Vorbühne etc. T., der technische Leiter, ist ein langsamer Bayer; wir zogen Ed. Sturm, den Bühnen-

---

[1] Wolfgang Colden, ein »angeheirateter Vetter« von mir, mußte als Kind vor den Nazis nach England emigrieren, kam als amerikanischer Besatzungssoldat 1945 nach Bayern, wo er bei der Zensur arbeitete und uns gelegentlich kleine Konserven mit Ham and eggs brachte, ein Tropfen auf dem heißen Stein, bzw. für den ausgehungerten Magen.

[2] Hilli Wildenhain, Schauspielerin, ein überzartes liebenswertes Wesen aus gutem Hause, lebte unweit der Schaubude in der Reitmorstraße in einer nicht zerbombten Wohnung, in der ständig Künstler aller Sparten anzutreffen waren, die manchmal auch dort auf einer Couch übernachteten – daraus wurde später in einem der Schaubudenprogramme Nickis Chanson »Der Couchgast«, mit einem Text von Herbert Witt.

bildner von den Kammerspielen zu, der uns gute Ratschläge gab; er war mir vom Kl[einen] Hofkonzert¹ bekannt.

Heute abend bin ich mit Osthoff und Rudi [Schündler} im Schmunzelkolleg im »Gong«², wo besonders Walter Kiaulehn – der in der Zeitung nicht mehr schreiben darf – gut sein soll.

Gestern nachmittag war ich mit Erich und Lotte³ in der sehr schönen Ausstellung »Süddeutsche Gotik« und sah auch die Krippensammlung des D[eutschen] Nationalmuseums. Sehr schön, nur zu lange in eisigen Räumen.

Mein Zimmer ist durch den Kamin und seit nebenan geheizt wird, so warm, daß ich beinah ohne Heizung auskomme. Das kleine Öfchen genügt bei solcher Kälte durchaus, wenn die Sonne scheint wie heute. Es ginge zur Not auch ohne. Ich habe nun ein Viertel Ster feuchtes Holz »zu liegen«.

Post fand ich vor von Moser⁴, der sich riesig bedankt; Hilde B., unglücklicher Brief im Wimmerton der Wurlitzorgel; Carla M., die in einem Kaff im Fichtelgebirge sitzt und nicht weiß, wo Gott wohnt; Toni Impekoven, der das neue Stück machen will.

... Vergiß nicht: Abschnitt 25 der gelben Karte ist Tabak! Ich habe 6 Zigarren dafür bekommen. Eventuell gib die Marken Wolfgang mit, vielleicht bekommt man noch Montag was dafür? Mit Gerhard Metzner morgen 3 Uhr Besprechung!

Kuß Kuß. Auch dem Kinde.

Immer Dein Vati

München, 6.1.1946

Geliebtes!

Damit Ihr Euch nicht langweilt, hier etwas von meiner Korrespondenz. Wann werdet Ihr dazukommen, das zu lesen?⁵ Ich habe

---

[1] »Das kleine Hofkonzert« – musikalisches Lustspiel von Edmund Nick.

[2] Das »Gong« war ein Nachtlokal mit kleiner Bühne.

[3] Lotte Enderle – Lebensgefährtin von Erich Kästner.

[4] Prof. Hans Joachim Moser, Musikwissenschaftler, der den Nazis verhängnisvoll verbunden war, erhielt durch Nicki einen sogenannten »Persilschein«, denn M. hatte uns in der Nazizeit in mutiger Weise über Wasser gehalten.

[5] Für diesen Brief brauchten die Zensoren der Militärregierung fast zwei Monate, um ihn zu lesen. Am 1. März 1946 schrieb meine Mutter:

den ganzen Morgen geschrieben. Im »Spaten« ist es immer so voll, daß man ewig warten muß. Aber das Essen wird immer besser. Ich schlafe miserabel. Erst friere ich, dann ist das schwere Federbett zu heiß und ich kann nicht mehr einschlafen. Huschs[1] haben Besuch, einen bei den Amerikanern gefangen gewesenen Vetter, der nebenan laut politisiert.

Immer noch hapert es mit dem Transport des Flügels. Werde morgen einmal selbst alle Wege gehen und es nicht mehr unserem Tölzer [Transportunternehmen] überlassen.

Gestern lernte ich die Maria Koppenhöfer kennen, die mich fragte: Ich denke, Sie sind krank? Offenbar war das im Sommer eine hier verbreitete Ansicht. Sonst immer dasselbe: Franke, Kiaulehn, John und wie die Mimen alle heißen.

Ich habe das neue Hemd von Frau V. an und bin darin wunderschön. Abends um 18 Uhr fahr ich gen Dachau. Gestern spielte ich dem Metzner und seiner Metznerin[2] die vier Chansons und den Tanzanfang vor. Begeistert! Metzner hat keine sturmfreie Bude!

Es ist kalt, aber schön und trocken. Von den Giebeln krachen die Steine auf die Straße, wenn das Eis schmilzt. Es ist direkt gefährlich.

Lebt wohl, meine Guten.

In Liebe Euer N.

Mchn, 12.1.46

Geliebtestes!
Als ich heimkam [von Lenggries nach München zurück], stand der Bechstein in meinem Zimmer! Er ist abgeklapperter als ich dachte, er müßte intoniert werden, aber er wird mir gute Dienste leisten, denke ich.

»Gestern kam Dein dicker Brief vom 6. Januar. Die Zensur hat sich so lange damit vergnügt.«

[1] Frau Husch hieß Nickis Zimmervermieterin in der Gewürzmühlstraße.
[2] Gerhard Metzner, über den gleich mehr zu lesen sein wird, war damals mit Isebil Sturm verbandelt, ein seltsam nicht zusammenpassendes Paar. Sie versuchte sich bei ihm als Dramaturgin und spielte später auch gelegentlich in seinen Inszenierungen mit, wenig begabt dafür, aber ehrgeizig und zäh. Nach einigen spannungsreichen Jahren verließ sie ihn unter unziemlichem Krach. Nach Metzners viel zu frühem Krebstod riß sie jedoch die Intendanz der »Kleinen Komödie«, deren Teilhaberin sie gewesen und geblieben war, mit eiserner Energie an sich.

Morgen, Samstag, muß ich zu einer Eröffnungsfeier des Händel-Konservatoriums mit Händel-Musik. Von der Zeitung aus. In der Dachauer Kritik haben die Idioten zwei Worte meiner Handschrift[1] nicht lesen können. Vielleicht wird sie deshalb nicht gedruckt. Ist mir schon egal.

Vor dem Haus erwartete mich ein KZler, Schreck heißt er außerdem, der mir Grüße von Paul Lincke brachte. Den hat man als »Altparteigenossen« in einem Käseblättchen angepinkelt, auch, weil er vor 37 Jahren dem deutschen Kronprinzen ein Geburtstagsständchen gewidmet hat. Lincke war nie Pg.[2] – allerdings haben ihn die Nazis zum Professor und Ehrenbürger gemacht. Jetzt ist er im Radio abgesetzt worden. – So viel Neuigkeiten der ersten Stunde meines Hierseins. Es war herrlich bei Euch.

Gute Nacht!

Euer Edmund

München, 14.1.1946

Mein Bestes!

Schnell einen Gruß bevor das Tagewerk beginnt. Denn jetzt geht der Ernst des Lebens los. Metzner eröffnet tatsächlich am 1.2. Sie arbeiten Tag und Nacht, um fertig zu werden. Und Rudi Schündler will die Schaubude am 15. oder bis 15.2. aufmachen ...

Ich verbrachte die Nacht auf Sonntag wieder mit ihm und Chiqui bei Dorul [von der Heide].[3] Ich brachte ihnen ein Liederheft mit. Wir haben vielleicht 10 oder 20 mal »Über der Oder«[4] gesungen. Rudi erging sich in Ausstattungsfantasien und Regieideen, das Lied kommt sicher ins Programm: alle Darsteller in Tücher und Decken, hockend, leise singend, mal Männer, mal Frauen, Hintergrund kahle Bäume, Kränze und düsterer Himmel – es kann großartig werden.

---

[1] Nicki besaß ja keine Schreibmaschine mehr und man konnte keine kaufen. Aus diesem Grund mußte er seine Kritiken handschriftlich verfassen.

[2] Pg war die damals gängige Abkürzung für »Parteigenosse« der Nazis.

[3] Dorul von der Heide, Maler, versorgte die Programmhefte und die literarischen Zeitschriften Münchens mit zauberhaften Zeichnungen und Vignetten. Er war ein zärtlicher, kluger Mensch und liebenswürdiger Gastgeber.

[4] »Über der Oder«, ein Lied von Friedrich Bischoff, von Nicki komponiert, wurde ziemlich bekannt und ist noch heute oft zu hören.

Solche Stunden fördern das Programm sehr. Nachmittags mit Rudi Sch. in Hoffmanns Erzählungen – gut.

[Walter] Behr[1] hat mich für Mittwoch ins Schauspielhaus geladen: kleine Geburtstagsgeschichte für van Loon[2].

Jetzt hab ich den Flügel umgestellt, dann geht's los, bzw. »auf«.

Tausend Küsse.

Immer Euer Nicki

München, 15.1.46

Liebste Pepi![3]

Soeben traf ich im »Spaten« die Sträußlers. Er möchte gerne Arbeit haben und klappert hier alles ab. Sie sitzen bei Mühldorf und wollten mich nachmittags aufsuchen. Helfen kann ich doch kaum. [...]

Dann hatte ich Tanzprobe, d.h., ich fuchste in dem eiskalten Souterrain des »Gong« einen Pianisten ein, während eine Tänzerin schlangenartige Bewegungen vollführte. Nachher ist noch ein Probesingen.

Gestern weihte Rudi Schündler seine neue sehr feudale Bude ein. Mit mir, Herbert Witt und Chiqui. Mit Wein und viel Kaffee und vorher gutem Essen (dies nur für Dich, nicht Dagmar sagen).[4] Witt las die Anfangs- und die geänderte Schlußnummer vor.[5]

---

[1] Walter Behr, Kabarettist, Schauspieler und Regisseur, arbeitete gemeinsam mit Nicki, Kästner und Werner Finck in Berlin an der »Katakombe«, mußte als Jude dann emigrieren und tauchte in amerikanischer Uniform, zierlich und liebenswert wie je, als »Theater Control Officer« nach dem Krieg in Bayern auf. In seiner Dienststelle wurden sämtliche Theaterleute auf ihre Nazivergangenheit durchleuchtet.

[2] Auch Behrs Vorgesetzter Captain van Loon, ein gebürtiger Münchner, war ein ehemaliger Emigrant, der nun in der amerikanischen Armee diente und zwar als Lizenzgeber für alle, die in Bayern wieder ein Theater, ein Kabarett oder auch nur einen Wanderzirkus eröffnen wollten. Beide Männer arbeiteten zusammen, beide waren von korrekter Strenge, oftmals aus gutem Grund mißtrauisch gegenüber den Deutschen und absolut unbestechlich.

[3] Pepi, Kosename meiner Mutter.

[4] Nickis ständiges Schreiben über irgendein Essen, das er bekommen hatte, nervte mich, was er hier ironisiert.

[5] Herbert Witt, auch ein Freund aus der Katakomben-Zeit in Berlin, schrieb viele witzige Texte zum Schaubuden-Programm.

Ich probe mit Chiqui, Hilli Wildenhain, Inge Bartsch und ab übermorgen mit Trude Hesterberg. Schreibe fortwährend Noten.
Gutes kaltes trockenes Wetter, schöner Schnee. Wie geht's Euch beiden Katzen?
Tausend Küsse!

Euer N.

Mchn, 16. 1. 46

Mein bestes Herz!
Das war ein bewegter Tag. Um 10 Uhr Probe mit Hilli, die im Radio wahrscheinlich Sonnabend was von mir bringen will oder soll. Sie lernt »Ich bin nicht immer laut« und »Mein lieber, leider früherer Hannes«![1] Ich soll sie begleiten. Da ich mich beharrlich weigerte, den Rundfunk zu betreten, weil sie sich so popelig gegen Dich und mich benommen haben, schrieben mir jetzt die Leute ganz zerknirscht, d.h. ein anderer, der mit uns nichts zu tun hatte. Um halb 12 Chiqui. Ob die es je erlernt, weiß ich nicht; Hilli ist nicht unbegabt.

Um 2 Uhr im Schauspielhaus, ganz München, d.h. die Theaterleute. Ich sprach: Metzner, Robert Stemmle, Rudolf Reif, der hier im »Kleinen Hofkonzert« den Serenissimus spielte, Ellinor v. Wallerstein, [Paul] Verhoeven, Holsboer, [Erich] Engel, Kästner, Gondrell, der glänzend konferierte, kurz, das halbe Parkett gefüllt. Als van Loon hereinkam, großer Applaus. Dann ein von Axel v. Ambesser im Stil von Our little town geschriebener sehr witziger Sketch, wobei Will Dohm in einer Hitlermaske den Vogel abschoß. Rudi Schündler und Osthoff spielten auch mit. Dann ging der Vorhang hoch, oben auf der Bühne reizend Kaffeetische gedeckt. Es gab aber Tee. Und wunderbare Butterkremtorte. Die Spitzen der Behörden auch dabei. Ich saß mit der Frau von Max Halbe an einem Tisch. Plötzlich sprach mich ein großer Ami an. Ich erkannte ihn nicht, obwohl er mir sehr bekannt vorkam: Hans Zorek, der Sohn von Zoreks![2] Er ist in Frankfurt und war eigens hergekommen, da er mit van Loon, und von Breslau her mit Walter Behr, der wieder reizend war, befreundet ist. Die Eltern sind in

---

[1] Zwei Nick-Songs, Texte von Kurt Bortfeldt und Werner Finck.
[2] Zorek, Musiker, war bei meinem Vater in Breslau am Sender angestellt, mußte als Jude 1933 Deutschland verlassen.

New York, die Schwester in Südamerika. Er hat auch Joseph und Boris Schwarz[1] gesprochen, die in N.Y. sind.

Dann Kaffee bei mir von halb fünf bis viertel sechs. Dabei: Rudi Schündler, Hilli Wildenhain, Chiqui und die junge Hanna Rucker, die in »Our little town« so gut war.

Wir sangen wieder »Über der Oder und »Böhmischen Volkes Weise[2] im Chor! Frau Husch kochte Kaffee. Rudi S. hatte gewaltig viel mitgebracht zum Brotbelegen. Da er mir auch ein großes Präsent machte, hab ich viel zu futtern. Er freut sich nur, daß ich Chiqui »verarzte«, die er sehr zu lieben scheint.

Um halb sechs ins heute eröffnete Kabarett »Der bunte Würfel«. In einem Kino direkt bei der »Sedansklause«. Ganz unpolitisch, eine Art besseres KdF[3]-Programm mit Klamottenkomikern, vier Tänzerinnen, einem geistlosen Conferencier – übrigens lauter Wiener, bis auf einen sächsischen Landkomiker. Van Loon hielt eine nette Rede zur Eröffnung. [Peter] Igelhoff war da und mußte eine Einlage machen. Barnabas v. Geczy spielte sehr gut ungarische Musik und war mit Claire Waldoff die Attraktion. Ich besuchte sie in der Pause, sie gab mir eine Backpfeife, weil ich ihr nie geantwortet hatte – natürlich aus Spaß. Eine goldige Person. Sie war nicht allzu berlinisch, sondern dosierte vorsichtig, aber zum Schluß kams doch darauf hinaus. Nicht alle Nummern waren gut. Walter Behr und Zorek ließen uns in Behrs Wagen heimfahren,[4] da sie noch zur Nachfeier blieben, denn das Programm war viel zu lang, alle letzten Elektrischen fort und Chiqui wollte nach Nymphenburg!

Morgen um halb neun in den Rundfunk. Um 11 Uhr Trude Hesterberg bei mir. Zwischendurch schreibe ich in jeder freien Minute an den Noten. Ich sehe mich jetzt Sonntag hier festgebunden, ich hab zu viel Arbeit, zumal Kästner auf einen Musikbrief [für die »Neue Zeitung«] wartet.

---

[1] Joseph Schwarz, 1883–1945, russischer Pianist, 1910–37 in Berlin; sein Sohn Boris, Violinvirtuose, enge Freunde meiner Eltern, emigrierten aus demselben Grund in die USA.

[2] »Volksweise«, Rilkegedicht, von Nicki vertont.

[3] KdF = »Kraft durch Freude«, eine Einrichtung der Nazis für die Volksgenossen: Volksmusik und ähnliche Lustbarkeiten auf niedrigstem Niveau, auch Dampferfahrten.

[4] Behr und Zorek, die »Amis«, hatten natürlich ihre Autos mit Chauffeur von der amerikanischen Militärregierung.

Morgen 12–13 [Uhr] bei Wetzelsberger[1], um mich über die Musikpläne Münchens zu orientieren.

Ich war vorgestern mit R[udi] S[chündler] bei einer Chansonette, hübsche, etwas überreife Frau, alles Talmi, Riesenbett à la Marie Antoinette, goldene Gitter, Hermelin, Riesenkerzen und Riesenleuchter. Sehr viele Brote und eine tolle Bowle: Wein, Schnaps und Orangensaft. Und viel Nescafé. Wo das die Leute bloß herhaben mögen! Sie sang in fünf verschiedenen Kostümen olle Kamellen, es war unwahrscheinlich! Es waren noch andere Herren mit dem Pianisten dabei. Im bürgerlichen Leben hat sie ein Gasthaus beim Sendlinger Tor ... Mich nannte sie nach einer halben Stunde »Nicki« und nach einer ganzen »Nickilein«, weil ich etwas Klavier gespielt habe und sie mich becircen wollte.

Ich schmiere, a) weil es zu kalt ist, das Holzfeuer ist längst zu Ende, b) vor Müdigkeit. Sei nicht böse, ich möchte Euch doch an allem teilhaben lassen und Ihr fehlt mir sehr, Schreiben ist so zeitraubend und umständlich, wenn es so zugeht wie jetzt. Die Hesterberg ist mit Metzner unglücklich, weil sie alles so haben will, wie sie es in Berlin gespielt hat, und er seinen eigenen Kopf hat.

Nun gute Nacht. Viel Liebes; schreib mir, Katja, und Du, kleines Lausdirndl, auch einmal!

In innigster Liebe

Euer Vati

M., 19.1.46

Liebste Katzen!

Drei Tage kam keine Post. Heute aber Eure Karten vom 14. und 15.1. und Dagis illustrierter Brief vom 17. Ich freu mich rasend, daß Ihr mich heimsuchen wollt. Mittwoch abend hole ich Euch am Holzkirchner Bahnhof ab. Mit der Nächtigung das ist o.k. Rudi [Schündler] lädt Euch für Donnerstag nachmittag zum Kaffee in seine herrliche neue Bude. Das ist gegenüber dem Prinzregententheater. Ich will sehen, für abends Karten in »Hoffmanns Erzählungen« zu kriegen, kanns aber nicht versprechen. Wenn das nichts ist, Kino oder Kabarett oder Schauspiel. Ihr pennt bei mir, ich bei Rudi Sch. Wegen Verpflegung: die Bohnen sind alle.[2] Bringt mir was mit! Mit

---

[1] Direktor der »Bayerischen Staatsoper«.

[2] Hier schreibt Nicki neben »Bohnen« die ersten 6 Noten von Bachs

Wäsche lange ich. Leberwurst ist alle, aber da kann ich ja, falls Ihr keine »verlängerte«[1] mitbringt, hier was erstehen.

Gestern nachmittag schrieb ich unter ewigen Störungen einen »Musikbrief«. Es kamen: Hartmut Lohmeyer,[2] Isebil Sturm, die Inspizientin, Klarinettisten, Harfenisten, die [Trude] Hesterberg – ich schmiß alle raus, sogar den Wolfgang C., denn ich war dem Wahnsinn nahe. Metzners »Kleine Komödie« steht in lebhaftem Verkehr mit mir, Noten hin und her, die dritte Tänzerin wird eingefuchst, heute war wieder eine hier, hübsch, groß, anmaßend, ich spielte vor, sie bewies, daß es zu lang wäre, auch zu schwer, ich muß also kürzen. Neue Arbeit, denn man kann ja nicht wie bei einem Anzug, der kleiner gemacht werden soll, einfach die Ärmel abschneiden, sondern muß alles auseinandernehmen.

Die Hesterberg kann einen auch weich machen.[3] Das 1. Chanson gefällt ihr, muß aber einen Ton tiefer transponiert werden; das zweite kennt sie kaum. Zum »Einsingen« sang sie aus einem mitgebrachten Freischützauszug die Agathen-Arie wie ein heulender Hund – ich dachte, ich geh in die Luft! Baßklarinette gibt es nicht, ich muß es auf gewöhnliche Klarinette umkomponieren; Harfe scheint nichts zu können. Na, ich sehe black, bläcker, am bläcksten.

Heute auf der Redaktion Artikel abgeliefert. Lange Unterredung mit Major (avanciert) Hans Habe. Will zwei Artikel: Offenbach und Mahler! Wann denn bloß! Ich werde verrückt. Heute war ich mit Hilli Wildenhain im Konzert, moderne Musik, sehr schön, besonders Debussy und Strawinsky.

Montag um 10 Uhr [Ursula] Herking, jetzt geht's so fort, alle Stunden ein anderer Schreihals. Ihr werdet nicht viel von mir haben, fürchte ich, und wieder sehr schimpfen. Mein Holz geht zur Neige. Neues gibt's erst Montag. Angeblich.

Dagis Gedicht habe ich heute nachmittag bei einem kurzen Kaffee bei Rudi Sch. ihm, seiner Frau und Susa Schlieper[4] vorgelesen. Maß-

---

Kaffee-Kantate.

[1] Meine Mutter verlängerte 50 g Leberwurst aufs Doppelte mit einer »Einbrenne« und Hefeflocken, na!
[2] H. L., Sohn des Theologieprofessors Ernst Lohmeyer, der mich taufte.
[3] Trude Hesterberg probte für die »Kleine Komödie« das Lustspiel »Kleopatra die Zweite« von Max Christian Feiler.
[4] Susa Schlieper entwarf die Kostüme für das erste Schaubudenprogramm.

lose Begeisterung. Susa will Dagi unbedingt kennenlernen. Also bitte: nicht aufhängen, my baby, I love Juhu![1]
Bringt mir Notenpapier mit! Von allen Sorten, außer Partiturpapier. Nun gute Sonntagsgrüße!

Euer Edmund

Montag früh, 21.1.46

Guten Morgen, meine Schnauzibauzis!
Ich wollte Euch noch gebeten haben, mir mitzubringen: alte Zeitungen, da ich nichts zum Anheizen habe. Zündhölzer! Notenpapier von allen Sorten und auch Partiturpapier. Und Dein Ührchen.

Gestern, Sonntag, schrieb ich den Tanz um, denn der Dame, die ihn hüpfen soll, ist er zu lang und zu kompliziert. Dann Verhandlungen mit dem Mann von Inge Bartsch wegen des Orchesters, er ist Musiker, Pianist einer Kapelle, die bei den Amis spielt.

Zu Mittag von R[udi Schündler] eingeladen im »Spaten«, abends bei ihm mit Dr. Stroh und Chiqui. Ich fühlte mich trotz des vielen Kaffees sehr schlecht, verschnupft, vergrippt, vergrämt. Der »Musikbrief« ist noch nicht erschienen. Jetzt können die mich gern haben. Ich hab nur *Arbeit und Sorge*[2] und kein Geld dafür.

Um 10 kommt Ursula Herking zur Arbeit. Dann die Hesterberg.

---

[1] Offenbar hatte ich gedroht, mich aufzuhängen, falls Nicki mein Machwerk »Ruf« schlecht fände.

[2] Nicki benutze hier eine Postkarte, die noch aus der Nazizeit stammte: Über die eingedruckte Briefmarke mit Hitlers Konterfei war von Nicki die neue 6-Pfennig-Marke geklebt; auf allen diesen – bis auf das Papier letztlich wertlosen – Postkarten fand sich auf der Vorderseite der Aufdruck:
Der Führer kennt nur Kampf,
Arbeit und Sorge.
Wir wollen ihm den Teil abnehmen,
den wir ihm abnehmen können.
Nicki durchstrich die erste, dritte und vierte Zeile und schrieb dann neben *Arbeit und Sorge* »und kein Geld dafür«. Die Karte trägt keine Unterschrift.

München, 25.1.46

Liebste Katja!
Gleich von der Bahn[1] fuhr ich in die Redaktion [der »Neuen Zeitung«]; ging in die Höhle des Löwen, packte den Stier bei den Hörnern und hackte der Katze den Schwanz ab. D.h. ich bat, Major Hans Habe sprechen zu dürfen, sagte ihm frei heraus, daß ich gekränkt wäre durch diese Behandlung,[2] na und alles offen, unverblümt, »ohne etwas zu verschweigen oder hinzuzusetzen«. Er war reizend. Er ist es *nicht* gewesen, sondern erklärte es so, daß er gewisse Berichte »entwitzen« ließe, und an diese Stelle, die sonst nur die trockenen Meldungen, die eben keine »Plauderei« sein sollen, von Unsachlichkeiten reinigt, müßte wohl versehentlich mein Artikel geraten sein; das Feuilleton muß natürlich so sein, wie ich es schriebe. Er bat mich in aller Form um Entschuldigung – »ich verspreche Ihnen, daß das nie wieder vorkommt – verzeihen Sie!«

Das rehabilitiert mich zwar nicht in der Öffentlichkeit, die mich weiter für einen Trottel oder Oberlehrer halten wird. Erich Kästner läßt grüßen, er kam aber erst, als ich von Habe herauskam.

Dann zu Inge B[artsch][3], wo es wieder Gutes und viel Herzliches

---

[1] Nicki hatte meine Mutter und mich nach unserem Besuch bei ihm in München zum Holzkirchner Bahnhof gebracht.

[2] Man hatte in der Redaktion der »Neuen Zeitung« etwas in Nickis Musikartikel geändert, bzw. verpfuscht.

[3] Inge Bartsch, wurde von meinen Eltern sehr geliebt; sie waren mit ihr gemeinsam in Berlin im Kabarett »Die Katakombe« aufgetreten; nun bekam sie im ersten Schaubudenprogramm, an dem man noch bastelte, vier eigene »Nummern«. Jene Berliner Zeit, 1933–1935, hat alle, die in der »Katakombe« mitarbeiteten, für immer zusammengeschweißt: Erich Kästner, Werner Finck, Rudolf Platte, Rudolf Schündler, Ursula Herking, Isa Vermehren, die inzwischen Ordensfrau geworden war, Inge Bartsch – und eben meine Eltern. In München brachte 1946 Otto Osthoff bald nach der Schaubuden-Eröffnung ein Heft heraus: »Das literarische Kabarett«. Im Heft II veröffentlichte Karl-Jakob Hirsch, der vor den Nazis nach England entkommen konnte, einen Artikel mit dem Titel »Kabarett in der Emigration«. Darin widmet er auch der »Katakombe« einen erinnernden Abschnitt, den ich hier einfügen will:
»In dieser Zeit war es in Berlin die ›Katakombe‹ unter Werner Finck, die den Mut hatte, unerhörte Dinge zu wagen und zu sagen. Dinge, die an der Grenze des Konzentrationslagers waren, die vom Publikum atemlos genossen wurden. Es bildete sich damals eine Art des Beiseite-Sprechens oder Es-beinahe-Sagens aus, die beste Kleinkunst war. Es war eine unheimlich prickelnde Stimmung, der Tod lauerte hinter jedem Wort.«

gab. Dann ein Sprung zu Hilli Wildenhain, die mit einer Herzattacke lag, aber trotzdem waren vier Weiber und fünf Kerle bei ihr. Worauf ich mich bald empfahl. Morgen hoffe ich Holz zu kriegen, ich war jetzt um 22 Uhr beim Vorbeigehen noch bei dem Holzhändler, der mich für halb neun bestellte.

Es war so schön, daß Ihr da wart!

Ich sprach mit Metzner, der sagte, die Eröffnung [der Kleinen Komödie] wäre bestimmt Samstag den 2. Februar!!

Gute Nacht. Tausend Küsse.

Dein N.

München, 28.1.46

Liebste Beste!

Um halb zehn kam die Tänzerin der »Kleopatra« mit einem rumänischen Tänzer, ich spielte ihnen noch einmal die Musik vor, von der noch der ganze Mittelteil herausfiel – der Mann war ganz begeistert und soll es nun einstudieren. Zum Glück fand sich noch eine alte Pianistin, die aber mehr kann als die beiden Männer, die bisher daran herumstümperten. Nachmittags erste Probe, wenigstens mit Harfe und Schlagzeug. Letzteres eine Frau, doof, langsam, ahnungslos, lehnte ich ab. Die Harfe schaffts vielleicht bis Samstag. Klarinette fehlt noch!!

Sonntag nachmittag zu Dorul [von der Heide] nach Nymphenburg. Chiqui bekam einen Kollaps von Verzweiflung, weil sie dem Chanson nicht gewachsen ist, unter Weinen und Flehen, sie nicht länger zu quälen, rannte sie fort. Es war dramatisch! R[udi] S[chündler] darob ganz niedergeschlagen, will es aber nicht aufgeben. Ich glaube, sie hat völlig recht und sagte es ihm auch.

Fragebogen ausfüllen und morgen halb 10 bei einem amerikanischen Amt damit antanzen. Von der Neuen Zeitung aus.[1]

Heute abends im »Gong«. [Friedrich] Bischoff[2] ist nicht da, ist in Konstanz.

---

[1] Die Redaktionsmitglieder wurden weiterhin auf eine mögliche Nazivergangenheit überprüft.

[2] Friedrich Bischoff, Schriftsteller, einst neben Nicki am Breslauer Sender als dessen Literarischer Leiter, 1933 genau wie Nicki von den Nazis »gefeuert«, wurde sofort nach Kriegsende Intendant des Senders in Baden-Baden, damals französische Zone.

Frau Hüni-Mihaczek sang sehr schön und warm, Mark Lothar[1] begleitete. Auf die Dauer sind die Lieder aber zu blaß und farblos. Karten habe ich bestellt! Also wann kommt Ihr beiden?
Ich grüße und küsse Euch zärtlichst,

Euer Nicki

Minka, 30.1.1946

Geliebte Sumire![2]
Deinen höchst lebendigen Brief will ich gleich beantworten. ... Ihr wollt Samstag herkommen. Ich komme weder zur Bahn, noch bringt Ihr Holz mit! Ich habe ja welches gekauft, bekomme außerdem schon wieder welches, und da ich wenig zu Hause, sondern viel in den Proben bin, heize ich selten, und wenn, dann sparsam. Also keine Schlepperei, und schönen Dank für die gute Absicht!

Ferner: Ihr kommt doch her, um abends bei Metzner die Premiere zu sehen! Wie willst Du denn zu gleicher Stunde »Our little town« sehen? Närrchen!

Ist es nicht besser, wenn Ihr, um das frühe Aufstehen zu vermeiden, Freitag abends kommt? Denn ich dürfte Samstag vormittag Generalprobe haben. Ich weiß nicht – vielleicht soll sie schon Freitag sein. Wenn ich Euch früh abholen sollte, müßte ich auch um 6 aufstehen – nein, nimmermehr![3]

Heute war um 10 Ursula Herking nicht da, kam erst 25 Min. später. Weil das Herzchen keine Uhr hat! Um 11 Probe mit den zwei Musikerinnen. Die Harfenistin ist die Schwester von Carola Neher, die in Moskau mit Genickschuß endete. – Trude Hesterberg kam gestern auf die Probe und machte alle verrückt. Zum Glück überraschte mich nachmittag Rudi Sch. mit einer Theaterkarte ins Schauspielhaus: »Lebensmut zu hohen Preisen« von Axel v. Ambesser. Schwaches, gut gespieltes Stück. – Klarinette haben wir immer noch keine. Alle sind Parteigenossen gewesen! Gestern war ein Ami

---

[1] Mark Lothar, Komponist und mit uns befreundet, arbeitete später mit mir zusammen. Ich schrieb ihm zwei Texte für zwei Filme, die er mit Musik versorgte, zu »Föhn« mit Hans Albers, und zu »Dr. Holl« mit Maria Schell.

[2] Ein japanischer Name, so nannte ich mich zuweilen.

[3] Es fuhren damals meines Erachtens nur zwei Züge täglich von Lenggries nach München, einer morgens früh und einer abends.

bei Rudi Sch. und fragte ihn über mich aus. Hauptsächlich wegen »Sommernachtstraum«.[1]
Mitbringen: vor allem Clopapier, das es hier nicht gibt, und Streichhölzer. Ich freu mich schon wie ein Schneekönig.
Auf gutes Wiedersehen!
Euer Alter.

Wie die Premiere zur Eröffnung der »Kleinen Komödie« letztendlich verlaufen ist, weiß ich nicht mehr. In einer Festschrift von 1951 erinnert sich mein Vater:

Die Schöpfungsgeschichte der kleinen Komödie

Sommer 1945. Hitze brütete über der menschenleeren, zerbombten Stadt, in die es, im heillosen Wirbel der Massenflucht vor dem Kriegsende, einen jungen Oberschlesier verschlagen hatte. Er hieß Gerhard Metzner, war in einigen Theatern Dramaturg und Regisseur gewesen und hatte mehrere Bühnenstücke und Drehbücher verfaßt. Er war von der fixen Idee besessen, in München eine Bühne aufzumachen. Irre Träumereien eines soeben Zugereisten! Er stieg in den Trümmern von München herum und hielt Ausschau nach einem Raum für seinen komischen Spleen. Wo er hinsah, waren Ruinen. Aber er kannte seinen Schiller – » ... und neues Leben blüht aus den Ruinen«! Tatsächlich: Auf haushohen Schuttbergen wucherten Hederich und Melde, Quecken und Eselsdisteln. Aha, das war also das neue Leben, genau das! Metzner hatte schon sämtliche in Frage kommenden Häuser, die zerdroschenen Wirtshaussäle aller Stadtviertel besichtigt. Nichts. Alles kaputt. Nur der bronzene Max II. stand fast unbeschädigt auf seinem Sockel und blickte gelassen auf die Trucks der Amis hinunter, die zu seinen Füßen herumfuhren. Max II., einst König von Bayern, war jetzt eine Haltestelle. Hier kreuzten fünf Linien der Elektrischen ihre Bahnen. Kein schlechter Platz für ein Theater, sagte sich Metzner, als er hier einmal auf die Linie 30 wartete. Und da sie lange nicht und

---

[1] Nicki bekam 1936 von seinem Freund Walther Brügmann, Regisseur am »Großen Schauspielhaus« in Berlin, den Auftrag, eine Tanzeinlage zum »Sommernachtstraum« zu schreiben. Das konnte als Antisemitismus ausgelegt werden, als Affront gegen Mendelssohn, dessen Musik in der Nazizeit verbotenen war.

dann so überfüllt ankam, daß er keinen Platz fand, schaute er gelangweilt durch die lädierten Scheiben eines Gartensaales, der als Anbau eines Kaffeelokales die Ecke der Thiersch- und Pfarrstraße bildete. Er war mit altem Gerümpel vollgestellt, mit Tischen und Stühlen aus dem daneben liegenden Wirtsgarten, wo ein paar Kastanienbäume standen. Metzner durchzuckte der Gedanke: Da drin, in diesem nicht eben großen, aber in seinen Maßen sonst annehmbaren Raum müßte man Theater spielen, Komödien der kleinen Form etwa …

Und schon im September rührten zwei italienische Maurer, die die Wogen des Krieges nach Deutschland gespült hatten, in diesem Salettel den Mörtel an. Weiß der Himmel, ob es Maurer waren und wo sie die Ziegel herhatten. Aber es lagen ja deren genug herum. Sie errichteten eine Wand für den Garderobenanbau auf dem blanken Erdboden. Sie fiel prompt wieder um. Man hatte sich Gips zu verschaffen gewußt. Er stellte sich als Kreide heraus. Es waren teure Arbeitskräfte und sie bedurften starker Anregungsmittel, vor allen Dingen unheimlicher Mengen von Lucky Strikes und vieler Flaschen jener grünlich oszillierenden Branntweine, mit denen man damals unsühnbare Giftmorde auszuführen pflegte. Metzner entwickelte ein Organisationstalent, das seinesgleichen suchte. Organisieren hieß damals so viel wie: alles herbeischaffen, egal um welchen Preis. Das Inventar wuchs, – um gleich darauf wieder zu verschwinden. Die Birnen für die Scheinwerfer waren gerade zwanzig Minuten im Hause, dann waren sie unauffindbar weggezaubert. Selbst die Bretter, die die Welt bedeuten, wären gestohlen worden, hätte man sie nicht gleich als Bühnenboden aufgenagelt. Eine Bretterwand trennte die Herren- von der Damengarderobe, nur der kleine eiserne Ofen war beiden gemeinsam und die für ihn ausgesparte Lücke ließ eine zwanglose Unterhaltung von einem Raum zum andern zu. Nicht zu leugnen: das Theater war nicht groß. Darum nannte es Metzner die »Kleine Komödie«.

Für die Eröffnungsvorstellung fand sich ein Lustspiel, das in Berlin Serienerfolge erzielt hatte, »Kleopatra die Zweite« von Meano und Max Christian Feiler. Nur die Musik dazu war nicht aufzutreiben, die befand sich unerreichbar in dem von Deutschland hermetisch abgeriegelten Österreich. Es wurde schnell eine neue komponiert.[1] Die Platzfrage, wie die drei Musiker in der Engnis hinter der Szene zu postieren waren, war fast noch schwerer zu lösen als die Aufgabe

---

[1] Nicki hat in diesem Artikel vornehm verschwiegen, daß es war, der zu diesem Stück die Musik schrieb.

*Gerhard Metzner und Edmund Nick bei der Probe zu ihrer Operette
»Das Halsband der Königin«, 1948 im Gärtnerplatz-Theater, München*

Janni Loghis, das Bühnenbild zu erstellen. Aber er brachte es bald zu einer Virtuosität, Palastweiten vorzutäuschen, wo nur der Raum einer Dachkammer vorhanden war. Mit ein paar Pinselstrichen hatte er ein Plakat mit einem roten Vorhang gemalt, an dem man noch heute von weitem die Kleine Komödie erkennt.

Am Nachmittag des Premierentages fehlten noch etliche Glühbirnen. Diese Situation wurde, wie manche andere auch, durch »die Brunner« gerettet, das urbayerische Faktotum der Kleinen Komödie. Sie flehte die Direktion der Straßenbahn um Glühbirnen an und siehe da, die Straßenbahn half aus der Not. Das nenne ich Kunstverständnis! – Es war ein finsterer Wintertag, der 2. Februar 1946. Auf dem flachen Dach schmolz der Schnee und lief als Wasser die frisch bemalten Wände herab. In dem hellen Himbeerrot entstanden dunkel drohende Flecke. Direktor Metzner, mit dem geretteten Smoking angetan, war noch dabei, die Rahmen der Spiegel im Zuschauerraum rasch zu überpinseln, als bereits die ersten Ehrengäste eintraten. Vergeblich bemühten sie sich, die Nummern ihrer Freikarten in den Stuhlreihen aufzufinden, – die Stühle hatten noch keine Nummern.[1] Doch schließlich hatten alle Platz gefunden, wenn auch nicht gerade ihren Platz.

Seitdem spielt die Kleine Komödie am Max-II.-Denkmal. Sie unterbricht ihre Arbeit nur dann, wenn sie gerade umgebaut wird. Sie wurde dabei immer komfortabler, denn sie bekam ein kleines Foyer, dann eine Entlüftungsanlage, dreimal einen neuen Eingang, einen ansteigenden Zuschauerraum, die Garderobe wurde verlegt, die Bühne verbreitert. Dabei blieb sie, die nie einen Pfennig Subvention bekam, im Gegenteil: mit ihren Steuern Stadt und Staat subventionierte, – die »Kleine Komödie«.

München, 6. 2. 46

Meine Süßen!
Ob Ihr gut heimgekommen seid?
... Friedrich Bischoff schreibt einen Eilbrief aus Tübingen: »Ich möchte Dich am liebsten mit mir hierhernehmen«[2], wobei ich frei

---

[1] Das mit den nicht numerierten Stühlen stimmt nicht ganz: Ich selber habe mit Frau Finny Brunner in den letzten Minuten vor der Premiere noch in aller Eile wenigstens an den ersten Stuhlreihen die Nummern angebracht. Ob das Haus damals beheizt werden konnte, möchte ich bezweifeln. Unvergeßlich ist mir jedenfalls der klamme Geruch nach feuchtem Mauerwerk und unsere Vorsicht, im Gedränge der Platzsuche möglichst nicht an die Wände zu streifen.

[2] Friedrich Bischoff wollte unsern Nicki damals als Musikalischen Leiter zu sich an den Südwestfunk holen, der sich noch in einer Aufbauphase befand.

nach Schiller hinzufüge: Ihr lieben Leute, es gibt bessre Zonen, als die unsern, wo wir wohnen.

In der Süddeutschen ein toller Verriß mit Ausfällen gegen die Berliner und die Hesterberg. Sogar der Oberbürgermeister läutete Metzner deshalb an – empört.

Hoffe Samstag zu Euch zu kommen. Einiges Aufregende habt Ihr ja selbst noch erfahren – ich weiß noch nicht, was daraus geworden ist. Ich grüße Euch in Liebe!

Euer Cleopatrus

München, Montag [13. 2. 1946]

Geliebte Katzen!
Gestern flatterte mir als Sonntagsgruß Dagis atemberaubender Temperamentsausbruch auf das Frühstücksbett. Ich ging dann in ein Kammermusik- Konzert, j.w.d. mit der Linie 19. Nachmittag einen Artikel Liebe zum Brettl fast vollendet. Ich habe nun laufend Proben und schreibe Noten – Tatjana [Sais][1] weint mich um die alten Chansons an, Frau Durra und Ursula Herking möchten was komponiert haben, ich muß Holz hacken und heizen u.s.w. Dreckwetter, kalt und naß, feuchtunfröhlich. Samstag früh Generalprobe Othello, Sonntag Premiere.

Dagis Sterne[2] standen gestern auf Kästners Programm für die Donnerstagausgabe. Heute abend bei Kästner, wenns dabei bleibt. Ich muß mich um Musiker umsehen und lauter solche unangenehme Sachen. [...]

Tausend Küsse

Euer N.

---

[1] Tatjana Sais, eine begnadete Chansonsängerin, die einst auch mit meinen Eltern in der »Katakombe« getingelt hatte, machte bald einige Schallplatten mit Songs meines Vaters und wurde später der Star im Berliner Kabarett »Die Insulaner«, das ihr Mann Günter Neumann leitete.

[2] Das Gedicht »Sterne« schrieb ich auf der Rückfahrt von München, am 4. Februar 1946, abends im ungeheizten, unbeleuchteten Zug mit einem Bleistiftstummel auf zwei Blättchen dünnes Clopapier, das ich zufällig bei mir hatte. Ich schickte es gleich am nächsten Tag an meinen Vater, der es zu Kästner in die Redaktion der »Neuen Zeitung« brachte. Dort wurde es von Kästner sofort zum Abdruck bestimmt. Es wurde unzählige Male nachgedruckt, stand in fast allen deutschen Zeitungen von Schleswig bis zum Bodensee und erschien in vielen Anthologien und Schulbüchern.

STERNE

Es gibt noch Sterne über den Ruinen
und Mondlicht, das durch Fensterhöhlen flieht,
die Stürme singen noch in den Kaminen
ihr altes Lied.

Sprich nicht mehr von den Toten. Unter Bergen
von Schutt sind sie begraben. Grau und groß
steht über ihren Stein- und Balkensärgen
ein: Namenlos.

Es gibt noch Träume über jenen Dächern,
die eingestürzt sind in das Labyrinth
der Stadt, wo sie nun klirren, hart und blechern
durch Nacht und Wind.

Sieh in den Himmel, nicht auf die Fassaden
der Häuser, die noch blieben, schmal, allein.
Es gibt noch Sterne über den Kaskaden
aus totem Stein.

München, 14. 2. 1946

Ihr geliebten Zwei!
Hier fand ich allerhand Post vor: Erinnerst Du Dich noch an den »Steiner«, Postoberamtmann oder sowas im Breslauer Rundfunk. Hat mich dreimal vergeblich aufgesucht. Wurde 1933 mit mir entlassen und bittet jetzt um Bestätigung[1]; – Dr. Brauer, mein erster Filmproduktionsleiter,[2] ist in Augsburg und möchte eine Operetten-Uraufführung von mir haben. Ich habe dieses Schwein nie sehr gut leiden können. Nazi war er auch. Es ist mir rätselhaft, wieso so

---

[1] In dieser Zeit der Entnazifizierung wandten sich immer wieder die verschiedensten Leute an meinen Vater, um von ihm die Bestätigung zu erhalten, daß sie sich während der Nazizeit anständig gegen uns verhalten haben. Er hat unzählige solcher »Persilscheine« ausgestellt. Daß Herr Steiner im Breslauer Sender ein Postoberamtmann war, soll nicht verwundern, schließlich ging ja die Gründung des deutschen Rundfunks 1923 von der Reichspost aus.

[2] Als mein Vater 1934 Arbeits- und Auftrittsverbot erhielt, machten es Freunde möglich, daß er für ein paar Kulturfilme die Musik beisteuern konnte, freilich durfte sein Name dabei nicht genannt werden.

ein Kerl sich jetzt »aufmandelt«. – Hornsteiner[1] war auch hier und andere Leute, die ich nicht kenne.
Couplets und Chansons von kleinkunst-bedürftigen Damen.[2]
Fortsetzung nach einer Stunde:
Soeben war der alte Steiner da, ein kleines graues Männel, ach Gott, Parteigenosse und SA. – was will der noch; jetzt ist er Hilfsarbeiter bei der Post.

Dann erschien, nett, sehr interessant, eine Dame Harriet Schleber, die mir Hans Habe schickte, von den Hessischen Nachrichten, der größten Kasseler Zeitung, die auch Beiträge von mir haben will. Dort wird als Monatsschrift ein neues Heft »Das Karussell« erscheinen. Gleich für Nr. 1 will sie einen Beitrag. Ich habe nichts, nur Sch. im Kopf!! Dagi, mach schnell ein Karussell-Gedicht.[3]

Dann kam eine Frau Immermann um Chansons bitten. Jetzt eben komplimentierte ich einen Herrn Müller hinaus, der Beiträge für eine neue Schlesier-Zeitung erbat. Und schließlich kam ein Bote von Frl. v. Benda – Werner Fincks Fräulein Gemahlin zur linken Hand. Der Vater, Hans von Benda, Generalmusikdirektor, wäre für alle Zonen verboten. Bitte um Attest!

Nun ist der Vormittag weg. Um halb zwei Regiesitzung mit Kästner bei Rudi Schündler [für die Schaubuden-Premiere].

Tausende von Grüßen und Küssen in Eure schöne Einsamkeit
und lauter Liebe Eures N.

---

[1] Ludwig Hornsteiner war Bühnenbildner am »Großen Schauspielhaus« in Berlin.

[2] Es wurden oft von unbekannten Sängern oder Dichtern Texte an Nicki geschickt mit der Bitte, diese zu komponieren. Kleinkunstbühnen schossen damals wie die Pilze aus dem Boden. Daß Nicki von so vielen Leuten unangemeldet aufgesucht wurde, lag daran, daß Telefone damals nur in Ausnahmefällen angeschlossen wurden. Es waren ja nicht nur die Leitungen durch den Krieg zerstört, es gab auch keine Apparate mehr und sowieso brauchte man eine Sondergenehmigung von der amerikanischen Militärregierung. Weil Nickis Name aber so oft in der Zeitung stand, konnte jeder dort seine Adresse erfahren, »Datenschutz« existierte nicht.

[3] Die Karussell-Hefte waren sehr beachtlich, und ab und zu veröffentlichten sie von mir ein Gedicht.

München, 24.2.46

Meine süßen Katzen,
schnell ein Sonntagsbriefel für Euren Eilboten, der mich um 8 Uhr früh aus holden Träumen weckte. Dieses Papier, weil anderes fehlt.[1]
Gestern sehr schöne Generalprobe Othello. Heute um halb fünf[2] Premiere. Nachmittag war [Albert] Hoerrmann bei mir. Er ist in Aussicht genommen, falls [Karl] John Geschichten macht. Ich war bei einer Verhandlung mit Hanna Rucker, die sich so scharf und sicher benahm mit »Bedingungen«, daß auch dem Rudi Schündler die Geduld riß. Ich empfahl den H[oerrmann] und da wir ihn im Theater sahen, bestellte ich ihn. Rudi Sch. und Chiqui kamen dazu und H[oerrmann] war begeistert. Er würde es sicher gut machen [betrifft »Lied im Schutt«[3]]. [Karl] John will 3000.-, er hat sonst allerhand Bedingungen. Leider ist H[oerrmann] Pg. gewesen. Rudi Sch. hat aber schon [Walter] Behr gesprochen – er war ja bloß »Mitläufer«.
Freitag abends in Nymphenburg [bei Dorul von der Heide] großes Festmahl mit Nachtquartier, weil Dorul ein reizendes Plakat für die Schaubude entworfen hatte, das wir sehen mußten. Es gab nachher richtigen Sandkuchen. Und Orangenlikör.
Zum Frühstück erhielt ich zwei dicke Milchbrotscheiben.[4]

[1] Nicki schrieb aus Papiermangel diesen Brief auf die Rückseite eines Schreibens von der »Neuen Zeitung«.

[2] Damals begannen viele Theatervorstellungen schon am Nachmittag, damit die Besucher von auswärts noch ihre Züge erreichen konnten, die sowieso recht selten fuhren.

[3] Das »Lied im Schutt«, nach einem Text von Hans Leip, gehört für mich zu den erschütterndsten Songs der Nachkriegszeit. Ich füge es später mit ein. Nicki hat die Strophen »durchkomponiert« und Karl John hat es bei der Schaubuden-Premiere hervorragend im Sprechgesang präsentiert.

[4] Weil spät abends keine Trambahnen mehr verkehrten und in der ersten Zeit nach Kriegsende sowieso ab 22 Uhr Ausgangsverbot – das sogenannte »curfew« – herrschte, mußte man manchmal bei den Freunden, zu denen man eingeladen war, übernachten, wobei man mit einer Decke auf dem Fußboden schon ganz zufrieden war. Alles wurde mit allen geteilt. Meistens schleppte Rudi Schündler, der eine spezielle Schwarzmarkt-Quelle kannte, Dinge an, die es normalerweise nirgends mehr gab, auch nicht auf Lebensmittelmarken, z.B. Likör oder Kaffee; er versorgte seine Freunde auch immer wieder mal mit einer Art Salami, gelegentlich mit einem Klotz leicht ranziger Butter oder einem toten Hasen unbekannter Herkunft.

Leider ist mein Holz alle, und es ist nicht warm. [...]
Erich Kästner hab ich bloß angeläutet. [...]
Sprach gestern lange mit Werner Egk, der mich nach Locham einlud.
Habe mir in die Hosen ein Loch gebrannt, ich stand vor dem elektrischen Öfchen und merkte es nicht. Bin sehr unglücklich. Chiqui will es kunstvoll reparieren.
Ich denke an Euch, mögt Ihr es mit Slevogts[1] schön haben heute.
Küßchen vom schnurrenden Oberkater – Miau, miau!

München, 1.3.46

Meine Guten, Besten!
Meine Freude über Dagmars Gedicht [»Sterne«] ist ungeheuer. Rudi Schündler, bei dem ich gestern abend nach Beendigung des »Offenbach« [Artikel für die »Neue Zeitung«] war, las es laut vor und pries es an, als ob es auch seine Tochter wäre. Seine Frau, Otto Osthoff und noch ein mir neuer Mime waren dabei. Und im »Spaten« sagte die Hella Krüger[2]: »Ich platze vor Neid!« Wenn das erst alle gelesen haben, na, da werden Briefe und Lieder kommen!

Ich lieferte heute den »Offenbach« ab. Erich sagte weiter nichts. Aber das hat er bei meinen früheren Artikeln auch nicht getan.

Mit Karl John ist die Vertragssache o.k. Er ist ein penetranter Nervenbohrer, will justament ein »positivistisches« Chanson haben. Kriegt er nicht.

Ich umarme Euch,

immer Euer N.

---

[1] Slevogts waren Freunde von uns.
[2] Tochter von Hellmuth Krüger, dem Conferencier der Schaubude, die vermutlich auch Gedichte schrieb.

München, 6.3.46

Geliebtes!
Brief von Paul Lincke: daß die drei Fabriken wegen Kohlenmangel nicht arbeiten: »Sobald wieder etwas greifbar, will ich mein Möglichstes tun, Ihnen das Gewünschte zu beschaffen.«[1] – Von Hornsteiner: »Habe die niederbayerische Landschaft erfunden und liefere am laufenden Band; das Meiste geht nach Amerika.«[2] Gestern Probe im eisigen Theater mit Chiqui und Margarete Haagen.

Soeben besuchte mich Frau Werner, meine Rundfunksekretärin aus Breslau.

Der Kocher[3] ist wieder kaputt und außerdem hat man uns, ich weiß nicht warum, den Strom gedrosselt. Jetzt in die Renatastraße [zu Dorul von der Heide].

Ich küsse Euch.

Der Vati

Zum Verständnis des nun folgenden Briefes muß ich etwas vorausschicken: Nachdem unsere Berliner Wohnung 1944 bei einem Fliegerangriff durch einer Luftmine zum größten Teil zerstört worden war, retteten wir das Heilgebliebene nach Reichenberg in Böhmen, dem Geburtsort meines Vaters. Die beiden Flügel wurden dort bei einem Spediteur untergestellt, die intakte Bibliothek mit den kostbarsten Erstausgaben zu einem Vetter geschafft, in dessen Papierfabrik sie später unter den Tschechen als Altpapier endete; die Kompositionen meines Vaters und die Bilder kamen ins Haus meiner Großmutter Nick. Dazu gehörte auch ein Ölbild meines im Krieg vermißten Bruders Anselm als Kind.

[1] Ich weiß nicht mehr, was das für Fabriken waren, mit denen Paul Lincke zu tun haben konnte, und um welche Wünsche von uns es sich gehandelt haben mochte.

[2] Ludwig Hornsteiner durfte, weil er ein strammer Nazi war, nach Kriegsende nicht mehr als Bühnenbildner arbeiten; da pinselte er Landschaftsbilder, die ihn ernährten.

[3] Nicki besaß in seinem Zimmer einen elektrischen Kocher, der aus Schamott bestand, in dessen Oberfläche eine Heizspirale eingelassen war. Diese dünnen Spiralen gingen ständig kaputt, barsten und bröselten und waren kaum neu zu beschaffen. Daß wir überhaupt so etwas besaßen, war schon ein großes Glück, sofern es funktionierte. Erst Jahre später ergatterten wir das, was man eine elektrische Kochplatte nennt.

M. 8. 3. 46

Ihr Lieben!
Also gestern erschien mein »Offenbach«: ohne jede Kürzung, ohne Änderungen, bis auf zwei Kleinigkeiten, man hatte aus »vertrottelter Adel« – »verknöcherten« gemacht und aus »gesellschaftskritisch« wurde »gesellschaftlich«. Letzteres kann ein Versehen sein. Immerhin ein Erfolg und alle gratulieren mir, Werner Finck, mit dem ich gestern abends bei »Meyer« zufällig zusammentraf. Ich war mit Sehnerts in dieses kleine Lokal in der Reitmorstraße gegangen, da sie vorher im Theater [bei Kleopatra] waren. Werner Finck und Frau Sehnert kannten sich, beide waren in Darmstadt zusammen am Theater und wurden rot wie Schulmädchen, die man auf einem Schwindel ertappt, als sie sich sahen. Es war direkt niedlich.

Dagi, für Dich hab ich 80 Mark Honorar [für »Sterne«] behoben, die ich mitbringe.

Heute wurde ich um halb sieben früh geweckt. »Ein Herr« wollte mich sprechen. Ich war, mit einem Allional, völlig dösig, aber sofort mobil, als ich einem feschen, ganz unwahrscheinlich schönen Mann gegenüberstand, Davide Bigatton. Er frühstückte mit mir und wusch sich, machte sich sehr fesch, Typ Heesters, aber erst 23 Jahre, und schob dann mit einem von unserer Bäckerin geborgten Handwagen auf die Bahn, um seinen Reisekorb zu holen, der jetzt bei mir unterm Flügel steht. Brachte aus Reichenberg mit: ein großes Paket Noten, Kinderlieder, »Sankt Michael«, »Saat und Ernte«, Partituren von Tänzen, Klavierauszug von »Xanthippe« und »Prinzgemahl« – etwas wahllos aus der großen Kiste herausgelangt. Und
Anselms Bild.
Entrahmt, gerollt. Anselm hängte ich mir mit Reißzwecken übers Bett. Ich freue mich wahnsinnig darüber. Jetzt ging Davide Bigatton – aus Friaul, Norditalien, wo ich 1917/18 war – zum italienischen Konsulat. Seine Frau, eine Reichenbergerin, läßt er nächste Woche nachkommen und fährt mit ihr nach Italien. Verpflegt wird er von der UNRRA[1]. Er ist sehr manierlich und liebenswürdig und meine Frau Husch ganz verliebt.

Ich habe gestern auf dem Wohnungsamt den Antrag abgeliefert mit zwei Befürwortungen der Schaubude und der Neuen Zeitung, auf die mir van Loon, bei dem ich Mittwoch war, je eine englische Empfehlung schrieb, mit vielen Stempeln.

[1] UNRRA, Abk. für United Nations Relief and Rehabilitation Administration.

Nachmittags täglich Probe mit Chiqui, Ursula [Herking], Margarete Haagen etc. Das Haus fast fertig, bis auf die Sitze. Nun verhandle ich viel mit Leuten wegen der Kapelle. Ich denke, es wird schon klappen. Hauptsache ist jetzt das Instrumentieren.

Gestern war Margot Höpfner[1] bei mir zum Mokka, sehr gedrückt, darf nicht auftreten – Denunziationen der lieben Konkurrenz, denn Pg. waren die Mädel ja nicht.

Leider ist unser Kocher endgültig irreparabel, sagt unser Theaterbeleuchter. Hier reißt man die bedrohlichen Ruinen planmäßig ein. Auch mir gegenüber. Der Schutt bleibt liegen. ... Ich habe mir vom letzten Holz ein Feuerle gemacht, wobei der Stiel der Axt abbrach, als ich die Klötze zerkleinerte. Pech.

Nun schönste, innigste Grüße

Eures Euch Liebenden N.

[München,] Sonntag, 10. 3. 46

Meine Beiden!
Ich habe nichts gehört von Euch seit 5. (fünftem!) März!

Heute Sonntag früh instrumentiert. ... Dienstag und Mittwoch hab ich Konzerte, »Lied von der Erde« und Schönberg und andere. Jeden Nachmittag Proben auf der Bühne, die Chansons werden gestellt: Chiqui, [Margarete] Haagen, [Inge] Bartsch etc.

Gestern fiel mir der Auszug vom »Prinzgemahl«[2] in die Hände, da spielte ich und war ganz gerührt über die mir ganz neue, alte Musik. Abends und nachts bei Dorul [von der Heide], wo ich den »Prinzgemahl« vorspielte. Dorul will Anselms Bild wieder auf Keilrahmen spannen und sehen, ob er einen Rahmen hat!

Geht es Euch gut, meine Lieben?

Das wüßte gern Euer Oberkater

---

[1] Die Zwillinge Margot und Hedi Höpfner waren ein berühmtes Tanzpaar in den dreißiger und vierziger Jahren. Sie traten in vielen harmlosen Filmen auf, aber im Krieg auch an Fronttheatern bei der sogenannten Wehrmachtsbetreuung.

[2] »Der Prinzgemahl«, ein Lustspiel von Fritz Schwiefert mit Musik von meinem Vater, stammt aus dem Jahr 1938, wurde in der Edition Meisel, Berlin, verlegt, aber niemals aufgeführt.

M., 12.3.46

Geliebte Katzen!
Endlich fand ich gestern nachmittag Euer Kärtchen vor, als ich heimkam. Kästner hat sich die Margarete Haagen und Chiqui angehört und beide als annehmbar befunden, wenn auch große Herabminderungen der dramatischen Leidenschaften gefordert werden – woran auch Rudi Schündler schuld ist.[1]
Nachher bis neun Uhr abends große Aussprache mit Kästner, [Eberhardt R.] Schmidt[2], Rudi [Schündler] und mir contra [Otto] Osthoff, der immer von Regie und Theaterstücken träumt, und dem die Kabarett-Idee noch gar nicht eingegangen ist.
Robert Stemmle und viele andere sprachen mich wegen Dagis »Sterne« an.
Ich komme zu Euch, aber nur kurz, meine Süßen. ... Ich soll nun den Mahler-Artikel machen. Vormittag instrumentiere ich meist. Holz hab ich noch immer nicht. Ohne Nes[café] ist das kein Leben. Ich bin glücklich, wenn ich bei Rudi einen Kaffee oder bei Hilli einen Tee kriege.
Viele mal seid geküßt.

Euer Nicki

München, 13.3.46

Mein Allerbestes!
Gestern war ich im siebenten Himmel, als ich das »Lied von der Erde« hörte. Es wurde sehr fein musiziert. Heute ist das »große« Konzert der Philharmonie, Faust-Symphonie von Liszt und A-dur-Klavierkonzert, in der Universität. Das Dumme dabei ist ja nur, daß man nachher kaum noch was zum Nachtmahl findet, wenn ich nicht meine Frühstücksvorräte verspeisen will.
Der Dachauer »Hänsel und Gretel«-Bericht ist also wirklich im

---

[1] Es lag nicht nur an Schündlers altmodischem Hang zur Theatralik, daß manche Chansons so unsäglich »dramatisch« wirkten. Kästners Text »Der Briefkasten« war diesbezüglich unerträglich genug, ich habe ihn immer wieder als eine Seelen-Schnulze empfunden, und Margarete Haagen, die mit ihren 57 Jahren die Älteste im Ensemble war, schleppte zudem noch den verstaubten Plüsch von Bayreuths Wagner-Inszenierungen mit sich.

[2] Eberhardt R. Schmidt, einst in Berlin Produktionsleiter bei der Ufa, hatte die geschäftliche Leitung der Schaubude inne.

Amtsblatt des Landrats gedruckt und soll mir 50 M. einbringen. Im Berliner Tagesspiegel erschien eine Kritik über einen dortigen Chansonabend, in dem ich erwähnt bin. Also gibt es noch Leute, die mich aufführen. Sonst gibts nichts Neues. Die Matinée wird mit Erich Kästner gemacht, ich sprach gestern mit ihm darüber.
  Seid gegrüßt und geküßt von
Eurem N.

Im Amtsblatt Nr. 8 des Landrates von Dachau wurde Nickis Kritik über »Hänsel und Gretel« von Engelbert Humperdinck nachgedruckt mit einem bemerkenswerten Einleitungssatz:

Der Mitarbeiter Dr. Edmund Nick von der Münchner »Neuen Zeitung« schrieb für die Münchner »Neue Zeitung« folgend.:

Neues aus Dachau

Solche kleinen Orte, um die sich früher niemand gekümmert hat, bevor sie schuldlos dazu verurteilt wurden, fortan einen geschändeten Namen zu tragen, haben es sicher schwer, wieder zu Ehren zu kommen. Wenn man sagt, ich fahre nach Dachau, dann antwortet heute noch sicher dieser und jener mit lächelndem Erschrecken: Ach um Gotteswillen! Denn jetzt ist ja das kleine Dachau nicht mehr so sehr dadurch berühmt, daß sich vor vielen Jahren dort einmal eine Malerkolonie gebildet hat, um das Dachauer Moos nach Motiven zu durchstöbern, sondern es ist berüchtigt in aller Welt, weil vor seinen Mauern eine der Strafkolonien weiland des Dritten Reiches ihre Mordbaracken aufgeschlagen hatte. Aber das ist ja nun vorbei, die Erinnyen haben gelassen ihres Amtes gewaltet, der Marktflecken an der Amper ist längst wieder vom Blutdunst und Verwesungsgeruch chemisch gereinigt.
  Begibt man sich heute nach Dachau, so tut man es, um in die Oper zu gehen. Hat denn Dachau eine Oper? So ein Nest von 18 000 Einwohnern? Ein Opernhaus gewiß nicht. Aber ein Schloß hat es, ein altes urmächtiges »Gepäu«, ein pfundiges, das von seiner königlichen Höhe ruhig hinuntersieht auf die braunen Dächer des Städtchens. Und darin ist ein riesiger Renaissancesaal, in den hinein man eine Bühne gezimmert hat, vor der, an die fünfzig Köpfe stark, die Musiker sitzen. Schon stimmen sie, das erregende Anblasen der Oboe, ein leiser Klaviereckenlauf, ein Geigenstrich und Horntöne.

Das Vorspiel beginnt mit dem »Abendsegen«, und alle Motive folgen diesem, »Der Wind, der Wind, das himmlische Kind«, das »Hokuspokus« und so fort – und dann: Vorhang!

Aber es gibt ja gar keinen! Die Bühne ist offen. Ja, Besenbinders sind halt ganz arme Leute geworden, die haben einen Tisch und zwei Stühle und einen Milchtopf, aber kein Geld, um ihrem Zimmer Wände zu bauen. Die gelbbraun niederwallenden Stoffbahnen tun es auch. Und für den Wald werden zwei Bäume genügen, wir wissen schon, daß das jetzt im Walde spielt, in dem sich Hänsel und Gretel verirren, und wenn sie sich zum Schlafen niedergelegt haben, dann kommen auf einer Himmelstreppe vierzehn Engel niedergestiegen, richtige Engel mit Engelsflügeln und gefalteten Händen – zwölf Jahre war ihnen das Erscheinen untersagt! – und sie schreiten um die Kinder in rotem Licht, in blauem Licht, und die Musik spielt und die Töne wogen immer höher und strahlender und es ist alles so schrecklich einfach und dabei einfach zum Heulen schön – wahrhaftig! Schließlich wird die böse Hexe in den Backofen gestoßen und aus dem Knusperhäuschen kommen die Küchenkinder und jauchzen mit blanken Stimmen: Erlöst, befreit – für alle Zeit!

Man hat die Münchner Staatsoper mit dem »Fidelio« eröffnet, und das ist bekanntlich die Erlösungsoper schlechthin. Sie wurde ernst und streng durch die starren schweren Kerkerwände, mit denen Caspar Neher die Szene umrahmt hatte. Augenblicklich spielt die Oper in München seltener. Man muß also schon nach Dachau fahren, um eine Oper zu sehen. Teo de Maal, der Regisseur dieses Dachauer Spieles im Schloß, griff nicht zu dem sakralen Beethoven, sondern zu Humperdincks Knusperwalzern, und das wurde wirklich eine Erlösung von Seelenpein und Hexenspuk, und man sah wieder einmal, daß der Geist über die Materie siegt, wenn das Material fehlt, um eine »Guckkastenbühne« zu bauen – man braucht diese gewiß nicht gleich abfällig zu belächeln, wo man doch bloß aus der Not die Tugend gemacht hatte. Und wenn auch die Hörner zu dick geklungen hatten und wohl auch nicht ganz rein eingestimmt waren, und wenn man auch auf eisernen Gartenstühlen gesessen hatte – nicht viel schlechter allerdings als auf dem ehrwürdigen Strohgeflecht der Bänke des gebenedeiten Festspielhauses von Bayreuth – so verließ man doch kinderselig und erlöst den Saal und das Schloß und das ganze nette Städtchen Dachau, sagte sich befriedigt: also das ist Dachau.

München, 13.3.46

Geliebtes!
Ich habe zwar erst vor einer Stunde eine Karte an Dich aufgegeben, aber da ich nun Dein melancholisches Briefchen vom 11.3. habe, wird mir ganz wehmütig und da will ich noch schnell einen zweiten Gruß schreiben.
Die Musik zu »Kleopatra« soll nun in Herten/Westfalen gespielt werden. Von Sehnert bekam ich zwei Klavierauszüge vom »Karussell«[1] zurück – allmählich sammeln sich meine Stücke. ... – Eben kam ein offenbar verkrachter »Doktor« mit »Chansontexten« – schauerlich. ... So, nun will ich wieder instrumentieren. Die Sonne scheint und früh schaut mich der Anselm an, wenn ich hell mache.
Unendlich viel Liebes Euch zwei Beiden.

Dein N.

Das folgende Wochenende verbrachte Nicki bei uns in Lenggries und meldete sich sofort nach seiner Rückkehr mit einer Postkarte, auf der die vielen inzwischen bei ihm eingegangenen Briefe aufgezählt sind. Hier nur das Wichtigste:

---

[1] »Karussell! Karussell!« Musikalisches Lustspiel von Gustel Graepp und Rudolf Rieth, von meinem Vater 1942 komponiert, im Theater-Verlag Die Rampe, Berlin, verlegt und in Darmstadt 1942 uraufgeführt. Viele unserer Freunde vom Theater besaßen noch irgendwelche Noten von Nicki, die uns nun nach und nach zugeschickt wurden. Vieles, was wir nach Reichenberg in Böhmen hatten retten können, ging dann dort verloren, als meine Großmutter von den Tschechen aus ihrer Wohnung geholt wurde, um in einem tschechischen Lager elend zu sterben. 1946 war die großmütterliche Wohnung längst von einer tschechischen Familie bewohnt und Anselms Ölbild hing dort nach wie vor an der Wand: daß es schließlich durch den schönen Fremden zu uns kam, verdanken wir Nickis altem Freund Dr. Breuer, der, weil er als Arzt so dringend gebraucht wurde, von den Tschechen noch nicht vertrieben war und dank seiner guten Verbindungen dieses Ölbild als eine Art Erinnerungsreliquie für uns herauskriegen konnte. Bei seinem Besuch in Großmutters Wohnung beschwatzte er dann die neuen Besitzer, auch etwas von Nickis Noten herauszurücken, die ja schließlich für diese Leute von keinerlei Wert waren.

[München,] Montag, 18.3.46,
nach der Ankunft

Meine Lieben!
Finde hier ein Telegramm von Frau Bigatton, sie käme heute nacht um 22.30 Uhr. Wie denkt sie sich das? Soll ich sie – wo? – unterbringen? Noch dazu um diese Zeit!
Für Dagi als Überraschung ein paar Schuhe aus Holz und Segeltuch geschenkt bekommen, sehr hübsch.
Seid gegrüßt!

Euer Hübscher

Für das Verständnis des nächsten Briefes muß man Folgendes vorausschicken: die älteste Schwester meiner Mutter, Eva, mußte, weil ihr Mann Alfred Corneel Jude war, aus Nazideutschland emigrieren. Sie gingen kurz vor Kriegsausbruch nach Cambridge, England, wo sehr reiche englische Freunde sie jahrelang durchfütterten, bis Alfred Corneel, der von Haus aus Jurist war, eine Stellung in einem biologischen Forschungsbetrieb fand: Er hatte auf umgepflügten Äckern bestimmte Würmer zu sammeln, was eine sehr mühselige Tätigkeit war. Seine Frau hatte indes eine Änderungsschneiderei eröffnet, etwas, das sie mit Bravour bewältigte, ohne es je gelernt zu haben. Nun, als man hier nach dem Krieg Juristen suchte, die nicht in der Nazipartei waren, holte man Corneel, von uns Ali genannt, als Senatspräsidenten an ein Verwaltungsgericht nach Kassel. Leider ist das Schreiben meines Onkels nicht mehr vorhanden, aber hier Nickis Jubelbrief:

München, 18.3.46

Kinder,
wenn Ihr bei diesem Brief nicht den Verstand verliert, den Veitstanz kriegt oder Seiltanzen könnt, dann habt Ihr kein Temperament. Also: Der Ali kommt nach Frankfurt. Das andere lest selber nach!
Ich aß aus Begeisterung zwei Stück Süßigkeiten, die ich dem guten Wolfgang Colden verdanke, auf einen Sitz auf. Ich denke, ich tu Euch damit nichts an, denn Sonntag kriegt *Ihr* etwas, wovon *ich* nichts habe. Von Wolfgang C. kam noch Rasiercreme, Seife, Klingen. Ist das nicht schön?
War abends im Popp-Kabarett. Einfach tierisch – ein widerlicher Conferencier, ein Zauberer, schlechte Chansons, eine Soubrette, die tatsächlich die »Christl von der Post« sang – etc. Dann gleich heim.

Sonst ist hier alles unverändert. Rudi [Schündler] wütend über Inge Bartsch, weil die von der Chiqui per »Frau Direktor« gesprochen hat. Im Theater werden die Sitzreihen aufgestellt. Man will mir den Flügel nehmen, wenn man keinen anderen bekommt als zweiten. Mittwoch ein Beethoven-Konzert. Willst Du deshalb nicht herkommen?

19.3.: Liese Bigatton erschien um halb 11 nachts. Im Telegramm hatte sie sich um eine Stunde geirrt. Ich mußte sie in die Küche [von Frau Husch] legen.[1] Jetzt macht uns die Huschin Tee – echten!!
Lauter Liebe!

Euer Gandhi

München, 21.3.1946

Eben war Karl John da. Brachte eine Dame mit, die mir unerhörte Komplimente machte und die Lieder »Im Volkston«[2] haben wollte, um sie am Hamburger Sender zu singen. Sprach immer von ihrer großen Verehrung für mich. Als sie weg war, fragte ich John nach ihrem Namen: Lale Andersen![3] Die berühmte, die das »Unter der Laterne« täglich im Belgrader Sender ertönen ließ. Ulkig, nöch?

Hanna Rucker holte John ab und brachte mir ein Schneeglöckchensträußchen.

Hab für Mittwoch Karten reserviert.

Mit einem Frühlingskuß – heut fängt der Lenz an –

Euer Springauf

---

[1] Diese Zimmervermieterin Frau Husch war ein besonders rührendes Wesen; sie brachte auf einem beuligen Sofa in ihrer Küche jeden von Nickis Besuchern unter, der nicht wußte, wo er übernachten sollte. Auch ich habe dort oft genächtigt, hinter meinem Kopfkissen: ein Ausguß aus ehemals weißer, inzwischen rostfarbener, stellenweise abgeplatzter Emaille, mit einem spritzenden Wasserhahn, unter dem sich jeder morgens ungeniert wusch und die Zähne putzte.

[2] Ein Heft mit Liedern von Nicki im Sikorski Verlag, Berlin.

[3] Lale Andersen bedankte sich vier Wochen später für die ihr von Nicki geschickten Noten: »Lieber Herr Dr. Nick! Wie lieb von Ihnen, dass Sie es nicht vergessen haben, mir die beiden Lieder zu schicken, die zu den schönsten gehören, die ich von Ihnen kenne. Ich werde sie ganz bald mit der Andacht, die ihnen zukommt, singen, im Sender und auch in den Liederabenden. Ich danke Ihnen! Ihre Lale Andersen.«

M., 21.3.46

Ihr Geliebten!
Diese Frau Bigatton, jünger als Dagmar, ist immer noch hier. Sie wurde von der Huschin liebevoll aufgenommen, erhielt Betten für ihr Küchenlager, fände sofort Arbeit, aber da sie keine Wohnung findet, wird sie wohl wieder zurückfahren müssen.

Stand heute schon um dreiviertel sieben auf. Ich kriegs jetzt fast selber mit der Angst, daß ich mit Instrumentieren, Orchesterzusammenstellen etc. nicht fertig werde. Das neue Plakat hängt bei mir schon an der Tür! Ich esse Grießbrei daheim, um nicht zuviel Zeit zu verlieren. Um vier Uhr Bum Krüger, um fünf Karl John. Rudi Schündler kommt zu jeder Probe zu spät und schwätzt herum.

Dagi, das Programmheft hat 42 Seiten. Mach ein Gedicht, sei nicht blöd! Ich soll einen Artikel schreiben, bin aber ganz steril. Mir fehlt Schlaf.

Lebt wohl, Ihr süßesten Süßen.

Euer José

M., 22.3.46

Meine geliebten Katzen!
Schnell einen kleinen Gruß. ... War heute mit Wolfgang essen, in einem ausgezeichneten vornehmen alten Restaurant in der Stadt. Viele Lebensmittelmarken gebraucht, aber sehr gut gegessen, nobel serviert, alte Bilder, gutes Publikum, klein, gediegen, sogar ein Achtel Wein bekommt man!

Heute ein wirbliger Tag, ununterbrochen Leute, Proben mit [Karl] John, Bum [Krüger], dem »Über der Oder«-Chor. ... Mit Erich telefoniert, der immer noch nicht die Jodlerquartett-Nummer[1] fertig hat. Er sprach was von einem Brief an Dagmar, den er nach Lenggries geschickt hätte: Man will wohl wieder was von ihr, diesmal: *lesen*.

Inge Bartsch, von mir angeweint, trat mir etwas Butter ab. Hoffe, wenn Ihr kommt, etwas da zu haben. War aber bloß ein kleines Stück.

Endlich wird im Theater geheizt, die Kohlebeschaffung war sehr schwer. Wir proben jetzt sehr eifrig, alle Tage vor- und nachmittag. Engagierte einen netten Pianisten.

Sonntag den ganzen Tag Proben!

---

[1] Das wurde dann das Terzett »O du mein Österreich«.

Ich freu mich jetzt schon auf Euch. Bleibt mir bissel gut, ich bin sehr liebebedürftig.

Immer Euer Edi

M., Samstag, 30. 3. 46,
abends 11 Uhr

Meine Beiden!
Also schon ist die Verschiebung [der Schaubudenpremiere] eingetreten: Erst hieß es am 10., jetzt 12. April. Warten wirs ab. Ich habe selten so viel gearbeitet. Die Nummer »O, du mein Österreich« ist brillant und wird schon fest gepaukt. Als Terzett mit Sepp Nigg, Hellmuth Krüger, Karl John. Wird janz jroß! Es kommt auch immer noch mehr dazu. Die Schlußnummer ist noch nicht fertig!

Gestern in einem Operettenprogramm »Helene – wenig fromm«. Furchtbares Buch, mäßige Besetzung, Vorstadtkino.

Van Loon und Walter Behr kurz gesprochen. Van Loon heute auf der Probe, hörte sich John, Bartsch und Herking an. Letztere brach kurz vor Schluß ab, heulte »Ich kann nicht« – »Verzeihung« – »Ich bin nicht hysterisch!« Sie war hysterisch. Völlig haltlos!

Ich schreibe Noten, daß mir die Hand weh tut. Habe aber einen guten Kopisten. Auch muß ein Korrepetitor ran.

Bekam heute ein Büchsel Nescafé von Margot Höpfner geschenkt. War leider nicht zu Hause.

In meine Tischdecke wurde durch den reparierten Kocher ein (noch nicht rausgefallenes) Loch gesengt. Auch die Tischplatte warf Blasen. Frau Husch und ich sehr unglücklich darob.

Morgen, Sonntag, nachmittag Proben, vormittag arbeiten.
Ich küsse Euch innigst!
Todmüde.

Euer Vati

[München], 3. 4. [1946]

Liebes Du!
Diesen kurzen Gutenachtgruß noch schnell als Einlage. ... Man packt mir täglich neue Sachen auf. Habe gestern ein großes Walzer-

chanson für [Karl] John komponiert.¹ Ich weiß nicht mehr, wo mir der Kopf steht. Premiere wahrscheinlich am 12.[4.] – aber sicher ist das nicht! Leider in der Pension Dollmann kein Zimmer frei.²
Seid umarmt, Ihr meine Liebsten,
                                                          Euer N.

                                                     [München,] 4.4.46
Dagi,
Dein Gedicht³ kommt wunderschön! Ich las eben Korrektur. Änderte auch wieder in »Schaubudenmenschen« zurück. – Darüber sitzt eine ganz bezaubernde Vignette von Chodowiecki, Schausteller mit Bilderbogen und Stab und Leute davor. Das ganze Heft⁴, 42

¹ »Mein Herz trägt nur weiß-blau«, Text von Herbert Witt; ein Walzerlied, das später in das Programm eingebaut wurde und großen Erfolg erntete bei dem Münchner Publikum, welches nach der Premiere der Meinung war, in der Schaubude träten zu viele Preußen (»Saupreißen«) auf und das schöne Bayern würde viel zu wenig besungen. Damit bekam dann auch Karl John das erbettelte »positivistische« Chanson.
² Die Pension Dollmann in der Thierschstraße gehörte zu den wenigen Häusern, die damals noch standen. Erich Kästner hauste dort mit seiner Lotte Enderle in einem Zimmer, dessen von Manuskripten und Klamotten unentwirrbar verwüstetes Doppelbett mir unvergeßlich ist. Noch unvergeßlicher der Anblick Lotte Enderles, die sich mitten in diesem Tohuwabohu sehr vorsichtig ein Paar Nylonstrümpfe anzog, ein kostbares Ami-Geschenk. Es waren die ersten »Nylons«, die ich je sah, schleierzarte Gebilde – wo wir noch immer bestenfalls in hundertmal gestopften Kunstseidenstrümpfen herumliefen. Manchmal übernachtete ich mit meiner Mutter in dieser Pension, wenn bei Frau Husch auf dem Küchensofa gerade ein anderer Gast schlief. Das möblierte Zimmer meines Vaters, in dem der Flügel den meisten Platz beanspruchte, war inzwischen unvorstellbar vollgestopft mit Noten und jenem Hausrat, den wir nach und nach geschenkt bekamen. Den schmalen Raum zwischen den Doppelfenstern nutzten wir in der kalten Jahreszeit als »Speisekammer«, durchaus ausreichend für unsere mageren Lebensmittelrationen.
³ Tatsächlich habe ich auf Nickis und Osthoffs Bitten damals – am 22. März – ein Gedicht »gemacht«, was ja sonst nicht der Fall ist, denn im Allgemeinen passieren Gedichte »von alleine«. Ich nannte es »Schaubudenmenschen«, woran Nicki offenbar zuerst etwas auszusetzen fand.
⁴ Das Heft unter dem Titel »Das literarische Kabarett« erschien im Drei-Fichten-Verlag, München, bei Rudolf Vonficht, der damals auf mich auf-

Seiten, ist reizend. Dorul von der Heide hat eine Menge Illustratiönchen dazu gezeichnet. Auch einen Erich Kästner, nicht besonders charakteristisch.[1]

Ich arbeite jeden Tag ab halb acht früh. Steh um dreiviertel sieben auf.

Ich bin immer bei Euch.

Innigst Euer N.

Erich Kästner

merksam und später mein erster Verleger wurde. Zu den Autoren dieses Heftes gehörten einige Mitarbeiter der Schaubude wie Erich Kästner, Hellmuth Krüger, Axel v. Ambesser, aber auch andere Theaterleute wie Werner Finck und Adolf Gondrell.

[1] Sicher hat Nicki recht: Das Profil Erich Kästners war wesentlich markanter als auf dieser Zeichnung von Dorul von der Heide, der viel von seinem eigenen weichen, liebevollen Wesen da hineinlegte.

[München,] 5.4.46

Geliebte!
Sorgt Euch nicht. Ich esse viel. Brot gibt's in Menge. Habe nun den riesigen Walzer für Karl John aufzuschreiben; den »Singing star«[1] heute halb acht früh völlig umgekrempelt und neu gemacht und noch sonst allerhand. Heute um halb sechs Durchlaufprobe mit Erich. Schade um die Zeit. Endlich habe ich einen Korrepetitor, der für mich tigert. ... Sonntag halb neun erste Orchesterprobe. Daumen drücken. Bin sehr am Ende mit den Nerven. Die Zusammenbrüche diverser Damen und Brüllereien der Herren häufen sich und zeigen den nahen Start an. ... Habe auch schon öfter vom Leder gezogen.
Dagis Erfolge blähen meine Vaterbrust!
In großer Sehnsucht der Eure

[München,] Samstag, 6.4.46

Liebste Katja und Dagi!
Es geht mir gut. Ich schreibe Samstag nachmittag aus der Schaubude. Rudi Schündler stellt gerade die Schlußnummer. Ich hab den ganzen Tag Noten geschrieben. Zwischendurch grölte Ursula sehr komisch den »Singing star«.

Gestern war ich ziemlich alle. Da nahm mich Rudi Schündler zu sich, nach 23 Uhr, legte mich auf die Couch, brachte mir Brote, und als ich wieder erholt war, kochte er in der Küche, mit Schürze, Nudeln. Er machte sie sehr fett, zwei Eier drüber, Speck, es war eine polnische Hochzeit!

Die Bigatton wohnt weiter in der Küche und die Pension Dollmann hat nicht frei. Da müßt Ihr schon bei mir wohnen.[2]

---

[1] »The singing star« ist ein Text von Herbert Witt, der sich darin über die, für uns ganz neuen, amerikanischen Love-songs lustig machte, die nun in allen Radioprogrammen zu hören waren. Ursula Herking, die das Chanson hervorragend präsentierte, wurde dafür in ein glitzerndes hautenges Gewand gesteckt und klapperte mit goldfarben geschminkten Lidern. Die amerikanischen Theater Control Officers sahen die Nummer keineswegs mit so viel Begeisterung wie wir!

[2] Wir schliefen dann zu Dritt in dieser Bude – ich weiß nicht wie und wo, denn es war ja kaum Platz. Unter dem Flügel stand noch immer der Reisekorb mit Noten, die der schöne Herr Bigatton aus Reichenberg hergeschafft hatte.

Freitag ist Premiere. Also kommt Ihr spätestens Donnerstag. ... Es sei denn, daß Dagi ihres Besuches bei Desch[1] wegen schon früher kommen will. ...

Morgen Sonntag um 9 Orchester. Um 11, 14 und 17 [Uhr] Proben. Wer instrumentiert fertig? Ich weiß es nicht.

Es ist Mitternacht. Der Nacken brennt vor Müdigkeit.

Gute Nacht, Ihr Geliebten!

Euer Vati

Nachschrift am Sonntagmorgen:

Habe soeben die erste Hälfte meiner Eierzuteilung als »2 Eier im Glas« zur Stärkung zu mir genommen. Selbst gekocht. Der Notenschreiber war schon da.

Ich freu mich auf Euch!

---

[1] Kurt Desch, der erste Verleger, der von der Amerikanischen Militärregierung eine Lizenz erhielt, wollte auf Grund der wenigen Gedichte, die es damals von mir zu lesen gab, einen Gedichtband machen, was ich völlig absurd fand, denn so viel hatte ich ja noch gar nicht geschrieben.

Endlich im eigenen Haus

Wahrhaftig: Die Eröffnungsvorstellung der Schaubude fand am nächsten Freitag, dem 12. April 1946, unter dem etwas nichtssagenden Titel »Bilderbogen für Erwachsene« statt, und zwar begann sie schon um 17 Uhr, damit die auswärtigen Zuschauer noch ihre letzten Trambahnen und Züge erreichen konnten. Ich hatte bereits die Generalprobe gesehen und erinnere mich, was die Premiere betrifft, vor allem an zwei Dinge: erstens, daß es ungewöhnlich warm in diesem Theater war, denn man hatte geheizt – sonst saßen wir doch meistens in Wintermänteln im Theater; zweitens, daß die Leute nach gewissen Nummern derartig frenetisch Beifall klatschten, daß man um die Stabilität der Stuhlreihen bangen mußte. Vor allem nach dem »Marschlied 1945« tobte das ganze Haus vor Enthusiasmus.

Marschlied 1945

Text: Erich Kästner
Musik: Edmund Nick

In den letzten dreißig Wochen
zog ich sehr durch Wald und Feld.
Und mein Hemd ist so durchbrochen,
daß man's kaum für möglich hält.
Ich trag Schuhe ohne Sohlen,
und der Rucksack ist mein Schrank.
Meine Möbel hab'n die Polen
und mein Geld die Dresdner Bank.
Ohne Heimat und Verwandte,
und die Stiefel ohne Glanz –
ja, das wär nun der bekannte
Untergang des Abendlands!

Links, zwei, drei, vier,
links, zwei, drei –
Hin ist hin! Was ich habe, ist allenfalls:
links, zwei, drei, vier,
links, zwei, drei –
Ich habe den Kopf, ich hab ja den Kopf
noch fest auf dem Hals.

Eine Großstadtpflanze bin ich.
Keinen roten Heller wert.
Weder stolz, noch hehr, noch innig,
sondern höchstens umgekehrt.
Freilich, als die Städte starben ...
als der Himmel sie erschlug ...
zwischen Stahl- und Phosphorgarben –
damals war'n wir gut genug.
Wenn die anderen leben müßten,
wie es uns sechs Jahr geschah –
doch wir wollen uns nicht brüsten.
Dazu ist die Brust nicht da.

Links, zwei, drei, vier,
links, zwei, drei –
Hab kein' Hut auf dem Kopf. Ich hab' nichts als:
links, zwei, drei, vier,
links, zwei, drei –
Ich habe den Kopf, ich hab' ja den Kopf
noch fest auf dem Hals!

Ich trag Schuhe ohne Sohlen.
Durch die Hose pfeift der Wind.
Doch mich soll der Teufel holen,
wenn ich nicht nach Hause find.
In den Fenstern, die im Finstern
lagen, zwinkert wieder Licht.
Freilich nicht in allen Häusern.
Nein, in allen wirklich nicht ...
Tausend Jahre sind vergangen
samt der Schnurrbart-Majestät.
Und nun heißt's: Von vorn anfangen!
Vorwärts marsch! Sonst wird's zu spät!

*Ursula Herking im »Marschlied 1945«
von Erich Kästner und Edmund Nick.*

Links, zwei, drei, vier,
links, zwei, drei –
Vorwärts marsch, von der Memel bis zur Pfalz!
Links, zwei, drei, vier,
links, zwei, drei –
Denn wir hab'n ja den Kopf, denn wir hab'n ja den Kopf
noch fest auf dem Hals!

LIED IM SCHUTT

Text: Hans Leip
Musik: Edmund Nick

Und als ich über die Brücke kam,
Schutt, nichts als Schutt,
als ich über die tote Brücke kam,
da stand mein Vater und drohte mir,
als wollte er sagen: Das dank ich dir!
Und suchte und suchte, was er nicht fand,
und hob gegen mich die alte Hand,
der ich am Wege stand.

Und als ich über die Straße kam,
Schutt, nichts als Schutt,
als ich über die tote Straße kam,
da stand meine Mutter und sah mich an
und huschte und wischte hin und her,
als wenn's in den alten Stuben wär,
und weinte sehr.

Und als ich über den Torweg kam,
Schutt, nichts als Schutt,
als ich über den toten Torweg kam,
da stand mein Bruder und lachte mich aus
und war von den Flammen ganz klein und kraus
und sang von unserer Kindheit ein Lied,
von der Zeiten Glück und Unterschied,
ein traurig Lied.

Und als ich über den Schulhof kam,
Schutt, nichts als Schutt,
als ich über den toten Schulhof kam,
da stand mein alter Lehrer so grau
und wußte das Gute und Böse genau
und wies mit dem Finger nach hier und dort
in der Menschheit Irrsinn und Brand und Mord
und fand kein Wort.

Schaubude 1946: Karl John in »Lied im Schutt«

Und als ich über den Kirchplatz kam,
Schutt, nichts als Schutt,
als ich über den toten Kirchplatz kam,
da stand am zerschmetterten Turme gebückt
meine Liebste und hatte ein Kränzlein gepflückt
aus verkohltem Gebälk und geborstenem Stein
und lächelte selig und lud mich ein
ihr Bräutigam zu sein.

Und als ich über das Ufer kam,
Schutt, nichts als Schutt,
als ich über das tote Ufer kam,
da sah ich mich selber am Wasser stehn
und sah mich selber von dannen gehn,
so leicht, so frei, so ohne Beschwer,
und glaubte es nicht und ging hinterher,
als ob es im Traume wär.

Staat und Individuum

Text: Erich Kästner
Musik: Edmund Nick

Schon beim ersten Blick merkt jeder,
wenn er mich hier oben sieht:
Zwischen Urmensch und Kulturmensch
ist ein Riesenunterschied!

Noch vor kaum zehntausend Jahren
war der Mensch das schwächste Tier.
Das hat sich dann sehr geändert,
und das Resultat steht hier!

Einstens hauste er in Höhlen,
ohne Bibliothek und Bad,
und es ging um Tod und Leben,
wenn er in den Urwald trat.

Tausend Mächten ausgeliefert,
runzelte er seine Stirn;
und so formte sich allmählich,
was ihm fehlte – das Gehirn!

Plötzlich wußte er sich Rat:
Es entstand der erste S t a a t !

Anfangs war das Staatsgebilde
selbstverständlich primitiv.
Denn die Bürger war'n noch Wilde.
Immerhin – die Sache lief!

Man begab sich mancher Rechte,
zog in corpore ins Feld,
aus den Freien wurden Knechte,
aber »staatlich angestellt«!

Steuern gab es bald und Zölle.
Selbst ein Steinzeitstaat braucht Geld.
Und auch Raub- und Überfälle
wurden »staatlich angestellt«.

Einzeln war nun nichts zu fürchten.
Nur den Staat traf die Gefahr.
Auch der Dümmste wird verstehn, daß
dieser Schritt ein Fortschritt war.

Welch ein Aufstieg! Welche Tat!
Ach, was wär'n wir ohne S t a a t !

Jede bessere Erfindung
braucht wie alles gute Zeit.
Und es gab auch diesbezüglich
Unordnung und frühes Leid.

Aber zwischen solchen Staaten
und dem großen deutschen Reich,
wie's die Älteren von uns kannten,
ist natürlich kein Vergleich.

Immer weiter auf der Leiter
kletterten die Dynastien.
Und der Bürger goß die Blumen;
denn es ging auch ohne ihn ...

Alles war für ihn geregelt
durch des Staates Apparat,
und der Mensch war sozusagen
ein vergnügter Automat.

Hände an die Hosennaht!
Alles andre tat der S t a a t !

Dann war Krieg in Ost und Westen,
den man unsrerseits verlor.
So etwas kommt in den besten
Staaten und Familien vor ...

Immerhin die Bürger klagten,
schimpften auf die Monarchie,
stampften mit dem Fuß und sagten:
»Wir versuchen's ohne sie!«

Man probierte dies und jenes.
Mancher Unfug schoß ins Kraut.
Doch dann ward ein neues, schönes
Staatsgebäude aufgebaut.

Kaiser, Kirche, Adel, Kenner
wichen vor dem neuen Geist.
Aus dem Volke zeigten Männer,
was ein Volk regieren heißt!

Mächtig griff die Zeit ins Rad.
Welch ein Fortschritt, welch ein S t a a t !

Alles wurde jetzt verstaatlicht,
Kunst und Recht und Religion,
und die schöne braune Farbe
und die Freiheit der Person!

Das Gewissen wurde staatlich,
der Charakter, die Moral,
selbst die Ahnen und die Kinder
– endlich war der Staat »total«!

Folgend diesem größten Siege,
den der Staat errang, entstand
der totalste aller Kriege,
Weltkrieg römisch Zwo genannt!

Krieg nach außen, Krieg nach innen,
Krieg von oben ward geführt.
In dem Buche der Geschichte
sind zwölf Seiten reserviert.

Das war der totale Staat –
und nun hab'n wir den Salat!

Dieses Couplet wurde so gebracht, daß Bum Krüger mit einem kaputten Regenschirm schlendernd auftrat. Bei der letzten Zeile warf er ihn auf einen Schutthaufen vor dem Ruinenhintergrund, den der Bühnenbildner Gustav Tolle gemalt hatte.

O du mein Österreich

Text: Erich Kästner
Musik: Edmund Nick

(Für drei Schauspieler in Lederhosen. Mit Hitlerbärtchen. Foyer eines Berghotels.)

Wir sind die Ostmärker, pardon, die Österreicher.
Meine Verehrung, Herr Baron!
Wir schicken's heim jetzt die reichsdeutschen Landstreicher.
Wir sind a siegreiche Nation.

Sie dürfen net glauben, was in der Zeitung Sie lesen.
Küß die Hände, gnädige Frau!
Die blaue Donau ist niemals nicht braun gewesen!
Die blaue Donau war stets blau.

Wir sagten uns am Anfang gleich:
»Dem Falott gehen wir nicht auf den Leim!«
Wir wollten niemals heim ins Reich,
sondern höchstens reich ins Heim.
Wenn's auch manchmal anders schien,
wir war'n immer gegen ihn!

Die Preußen strich er alle braun.
Doch bei uns hat er gar nichts erreicht.
Den Fehler, einem von uns zu trau'n,
den begeh ...
(ängstlich)   Pg?
                         Pg?
        ... den begehn wir nicht so leicht!
Hoch vom Dachstein bis nach Wien:
dri-odl-didl-joh!
Wir war'n immer gegen ihn!

Was hat uns der Märchenerzähler
aus Braunau nicht alles erzählt!
Wir machten nur einen Fehler:
Wir haben ihn trotzdem gewählt.

Doch wir war'n kein entscheidender Faktor.
Es war mehr ein kleiner Scherz.
Die Hauptsache ist der Charakter
und das goldene Wiener Herz!

Ja, ja, wir Ostmärker, pardon, wir Österreicher.
Bon soir, mon Colonel!
Wir führen Walzer aus, – nie wieder Anstreicher!
Wir wirken nur noch kulturell.

Die Nibelungentreue ist ein sakrisches Erbe.
Servus Peperl, mein reizendes Kind!
Wir sind ein Bergvolk mit sehr viel Hotelgewerbe.
In unsern Alpen gibt's ka Sünd'!

Und weil wir wieder Frieden ham,
seid's willkommen in unsrer Pension!
Good evening, sir! Bon soir, madame!

Meine Hochachtung, Herr Baron!
Innsbruck, Salzburg, St. Johann,
die Saison fängt wieder an!

Der Schnee erglänzt. Die Seen sind naß.
Kommt's zu uns, wann's euch immer behagt!
Für Reisende mit deutschem Paß
ist es a...
(ängstlich)   SA?
                        SA?
        ... ist es aber untersagt!
Unser Kanzler hat's befohl'n:
dri-odl-didl-joh!
Deutschland darf sich nicht erhol'n!

Es fallen nun wieder die Schranken.
Die Schrammeln sind auch schon bestellt.
Willkommen die Dollars und Franken
und die Pfunde der besseren Welt!
Zwar das Geld ist kein wichtiger Faktor,
wenn das Herzerl zuvor nicht sprach.
Die Hauptsache ist der Charakter,
und den macht uns keiner nach!

Dieses Couplet hat Erich Kästner, wie so oft, später an einigen Stellen abgeändert. Hier ist das Gedicht in seiner ursprünglichen Form zu lesen, wie Erich Kästner es im März 1946 Edmund Nick zum Komponieren gab.

THE SINGING STAR

Text: Herbert Witt
Musik: Edmund Nick

Wer hat mich noch nicht gehört –
wen hab ich noch nicht betört –
wenn ich sing »I love you«!
Ob es früh ist oder spät,
wer an seinem Radio dreht,

hört mein Lied »I love you«!
Meine Stimme, die klingt so narkotisch,
von Kopf bis Fuß nur Sex –
ich bin ja so rasend erotisch,
halb Vamp, halb ham – halb eggs!
Und jeder Mann, o yes, so sei's,
dem mach ich per Akustik heiß,
und er denkt nur noch: fraternize!

Ja, das ist wonderful,
wie ich wühl in allen Ohren ...
Man hört bei meinem Song
die Herrn Volksempfänger schmoren!
Ja, das ist wonderful,
wie ich Lust und Tränen mixe,
sing ich »Sweetheart farewell ...« –
dann schmilzt die Meckerbüchse!

Ich wecke die Sehnsucht nach Sünde,
ich bin die »wireless witch«,
my home that is the Jazzband
and my husband is der Kitsch!
Ja, das ist wonderful,
wie ich love sing ohne Unterlaß –
Wer mich vernimmt,
der weiß bestimmt:
Hier spricht die Stimme Amerikas!

Dieses Chanson wurde noch in das bereits ausgedruckte Programm eingefügt, geschrieben und komponiert für Ursula Herking. Doch nach der Premiere verlangte der amerikanische Theater Control Officer Captain van Loon, daß dieses, die amerikanische Kultur verhöhnende Chanson aus dem Programm gestrichen oder textlich geändert werden müsse. In der Schaubude war man betroffen, änderte natürlich kein Wort, und Ursula Herking sang es weiterhin. Eines Abends kam Walter Behr, van Loons rechte Hand, kurz vor Ursula Herkings Auftritt hinter die Bühne und fragte, ob der Text geändert worden sei, Mr. van Loon säße unten im Parkett! Der Schrecken war groß und Walter Behr, ein wahrer Freund seiner alten Kollegen aus Berliner Zeiten, flüsterte der Herking zu: Bavaria! Und die geistesgegenwärtige Herking änderte im letzten Moment die Anstoß erregende Zeile und sang: Wer mich vernimmt, der weiß bestimmt: Hier spricht die Stimme B a v a r i a s . So durfte das Chanson, das am übernächsten Abend wieder in alter Form vernommen wurde, im Programm bleiben.

Liebe und Treue

Text: Erich Kästner
Musik: Edmund Nick

(Tango. Der Vortrag der sehr elegant und ebenso offenherzig gekleideten Chansonette muß sein: blasiert bis zum Zynismus; wenn angebracht, von parodistischer Innigkeit; von der Mitte der letzten Strophe ab von kalter, fast zu Bewunderung nötigender Ehrlichkeit.)

Manche Frauen lieben kranke, blasse Dichter.
Dagegen hab ich nichts.
Manche Frauen glühn beim Anblick roter Stiergesichter.
Dagegen hab ich nichts.
Andre Frauen lodern auf bei jungen Männern.
Wieder andre ludern gern mit kalten Kennern.
Dagegen hab ich nichts.
Mein Herz hat mehr als eine offne Tür.
Deshalb hab ich nichts dagegen,
doch ich hab auch nichts – dafür!

Ich hab mein Leben lang
nur einen Mann geliebt.
Und ich hab Glück gehabt,
daß es ihn gab und noch gibt.
Ihm bin ich zugetan,
ob es Tag oder Nacht ist.
Ich liebe stets den Mann,
der gerad' an der Macht ist!
Ob er nun Staatsmann ist, ob Börsenheld, ob Krieger –
ich liebe den Sieger!

> Drum kann geschehn, was will:
> ich liege immer richtig!
> Und bei der Liebe
> ist das besonders wichtig!
> Man hat mich im Verdacht,
> ich liebte das Neue.
> O nein, – ich lieb nur die Macht
> und halt ihr die Treue!

Wen ich liebe, der kann schön sein wie ein Wandbild.
Dagegen hab ich nichts.
Oder er kann groß und schwer sein wie ein Reiterstandbild.
Dagegen hab ich nichts.
Er kann alt und kahl und sparsam im Verbrauch sein.
Bös und bauchig kann er selbstverständlich auch sein.
Er darf auch wild sein wie ein junger Stier.
Ich hab wirklich nichts dagegen,
doch ich hab auch nichts – dafür!

Nur mächtig muß er sein!
Dann steigt in mir die Flut ...
Dann wirft ein einz'ger Blick
mir rote Fackeln ins Blut ...
Ich brenne wie ein Wald,
wenn mein Herz erst entfacht ist ...
Dann hab ich Temperatur,
ob es Tag oder Nacht ist!
Er mag ein Henker sein, ein Teufel oder Tiger, –
dann ist er der Sieger!

> Drum kann geschehn, was will:
> Ich liege immer richtig!
> Und heutzutage
> ist das besonders wichtig!
> Ich bin ein schwaches Weib.
> Ich kenn keine Reue.
> Und wer die Macht verliert,
> verliert meine Treue!

Wer die Macht verloren hat, soll untergehen.
Dagegen hab ich nichts.

Wenn er will, kann er auch zitternd um Erbarmen flehen.
Dagegen hab ich nichts.
Meinetwegen kann er Memoiren schreiben
oder sich erschießen oder leben bleiben.
Dagegen hab ich nichts.
Die neuen Männer träumen schon von mir!
Deshalb kann's mir einerlei sein,
ob er tot ist oder hier.

Nun ja, die Erde ist ein großer Wandelstern.
Und nach den neuen Herrn
kommen noch neuere Herrn …
Bis schließlich *jener* kommt,
welcher stets an der Macht ist!
Er reißt mich in den Arm,
ob's dann Tag, ob's dann Nacht ist!
Er wird kein Staatsmann sein, kein Schieber und kein Krieger –
und trotzdem der Sieger!

> Und auf dem Stein soll stehn:
> »Nun liegt sie wieder richtig!
> In dieser Lage
> ist das besonders wichtig!
> Es war nicht angebracht,
> daß sie etwas bereute.
> Sie liebte nichts als die Macht
> und tut es noch heute!«

(Die Chansonette blickt noch kurze Zeit kalt und ironisch lächelnd geradeaus, dann geht sie langsam und stolz ab.)

Dieses Chanson wurde später von Erich Kästner umbenannt in »Das Leben ohne Zeitverlust« und erschien 1964 in Edmund Nicks Chanson-Heft »Das Karussell« im Apollo-Verlag, Berlin.

Am Tag vor oder nach der Premiere des Schaubudenprogramms fand eine Matinée in den Kammerspielen statt mit einer Lesung »junger Lyrik«. Mir ist der Titel des Ganzen nicht in Erinnerung geblieben. Meine Gedichte wurden von einer Schauspielerin namens Inge Birkmann gelesen, die leider stimmlich meinen Texten, die nach einer Männerstimme verlangen, nicht gewachsen war. Daß ich dann aber doch eine gute Kritik von Franziska Violett in der »Süddeutschen Zeitung« bekam, erfuhr ich durch Nickis übernächsten Brief.

[München,] Montag, 15.4.46

Ihr Guten!
Gestern wieder lange demonstrative Applause bei gewissen Nummern von Hellmuth Krüger oder dem »Singing star«. Nach der Vorstellung große Unterredung Rudis mit van Loon, den ich noch um halb elf nachts bei ihm sprach. Aber es bleibt alles, bis auf »Tugend und Politik«.[1]
[Karl] John krank. Ich bin so müde, daß ich heute nachmittag drei Stunden im Bett lag. Otto Osthoff lernt jetzt das »Lied im Schutt«.[2]
Ich küsse Euch sehr!

Euer N.

[München,] 16.4.46

Heute keine Schaubudenkritik in der Süddeutschen Zeitung.

Hingegen der Satz [über die Lyrik-Matinée]: daß die Verse der jungen Dagmar Nick »den weitaus stärksten Ausdruck und die reinste lyrische Gestalt fanden«. Und daß sie ein Mann hätte sprechen sollen!

... Daß die Schaubude totgeschwiegen wird, dürfte sich für deren Besuch katastrophal auswirken; denn gestern war er schwach, der schwächste, den man in Krieg und Nachkrieg je sah. Reklame ist wohl kaum gemacht worden. Erich war noch mal drin.

... Dagi soll die Gedichte für die Lotte Enderle zurechtmachen.
Sonst nichts Neues.

In aller Liebe der Eurichte

---

[1] »Tugend und Politik« war ein Kästner-Nick-Song, der den Amerikanern, die ja da ein Machtwort zu sprechen hatten, nicht schmeckte und also aus dem Programm flog.
[2] Für den erkrankten John sprang jetzt der Mit-Regisseur Osthoff ein, der das Lied aber erst mit Nicki einstudieren mußte.

[München,] 17.4.46

Ihr Liebsten!
Gestern fürchtete ich die mageren Tage. Heute bin ich ein Krösus dank H. S., die mir einen riesigen Klumpen Schmalz und etwa 2 kg blütenweißes Mehl brachte. Ich war leider nicht daheim, aber mir blieb unter gleichzeitigem Zusammenlaufen des Wassers im Munde die Spucke weg! Wie das möglich ist, kann ich nicht erklären. Ich habe nichts mehr gehabt, es sei denn ein Käsel auf trockenes Brot. Nun sind die Ostern gerettet, mir kann nichts mehr passieren. Vielleicht daß mir die Huschin ein weißes Milchbrot zu Ostern bäckt?
  ... Kam soeben aus der Vorstellung. Inge Bartschs Nummer »Muttertagung« ist abgesetzt. Die Amerikaner schneiden uns – es kommt keiner mehr hinein! Wegen der Applausdemonstrationen? Man hat uns das »Marschlied« verübelt: »Die Deutschen marschieren schon wieder«, heißt es. Wir sind alle konsterniert, daß man das so falsch versteht! Karl John soll Samstag wieder auftreten – da werde ich mein Terzett los. Ich bin immer noch todmüde, habe immer noch nicht zu schreiben angefangen.
  Der Herausgeber des Drei-Fichten-Verlages fragte nach Dagis Gedichten. Er war von der Matinée, d.h. ihren Sachen, begeistert. Alle gratulieren zu Dagis Kritik. Über uns [»Schaubude«] schreibt die Gehrke [Mitarbeiterin der »Neuen Zeitung«].
  Lebt wohl, schöne gute Ostertage,
  Ihr meine Besten!
                                                                Euer N.

Mein Vater, der nie auf einer Bühne stand, höchstens am Konzertflügel spielte, sprang für den erkrankten Karl John im Terzett »O du mein Österreich« ein. Wir haben ihn dort erlebt, es war umwerfend komisch, wie er da mit den beiden andern Mimen in Lederhose, Gamsbarthut und mit angeklebtem Hitlerbärtchen seinen Part sang, dabei immer konzentriert auf den Pianisten im Orchestergraben guckte, der das spielte, was Nicki sonst oblag. Er bekam dafür pro Abend stolze 25.- Mark.
  Nachdem Karl John gesund war, konnte er nun auch wieder Abend für Abend den schönsten Applaus ernten, wenn er das Walzerlied sang, das Herbert Witt und Edmund Nick extra für ihn geschaffen hatten.

Mein Herz trägt nur Weiss-Blau

Text: Herbert Witt
Musik: Edmund Nick

Mein Herz trägt nur Weiß-Blau,
ich kann nichts andres sagen.
Als schlüge es für eine schöne Frau,
so muß es für München schlagen.
Mein Herz will immer nur Weiß-Blau,
ich brauch's nicht lang zu fragen.
Es trägt nicht Grün, wenn's hoffend blüht,
es trägt nicht Rot, wenn's liebend glüht,
ich kenne mein Herz genau,
mein Herz trägt nur noch Weiß-Blau!

Und hat's mich auch rund um die Erde getrieben,
von Frisco bis zum Kap –
ich hab's euch in jedem Briefe geschrieben,
wonach ich »Zeitlang« hab:
Bitte, seid so gut, schickt mir ein Packerl,
nur ein kleines Liebespaket:
von den Frauentürmen ein Zackerl,
aber bitte, recht bald, wenn es geht!
Und schickt mir ein Batzerl g'führigen Schnee,
vom Kreuzeck müßt er halt sein,
eine Frühlingswiese vom Ammersee,
und ein' Jodler tut's mit hinein!
Und schickt mir, das wurlt so schön,
ein Stranitzel mit zünftigem Föhn!
Doch nein, spart's Tinte und Papier,
ich komme gleich selber und hol sie mir,
denn mein Herz trägt nur Weiß-Blau,
ich kann nichts andres sagen.
Als schlüge es für eine schöne Frau,
so muß es für München schlagen.
Mein Herz will immer nur Weiß-Blau,
ich brauch's nicht lang zu fragen.
Es trägt nicht Grün, wenn's hoffend blüht,
es trägt nicht Rot, wenn's liebend glüht –
ich kenne mein Herz genau,
mein Herz trägt nur noch Weiß-Blau!

[München,] 2.5.46

Geliebte Katja!
Meine Taschentücher gehen zu Ende. Und da ich Dich auch sonst immer gern hier hätte, weil ich ein einsames Schwein bin, wollte ich Dich fragen, ob Du nicht Lust hast, Deinen noch nicht [kirchlich] angetrauten Ehegatten einmal heimzusuchen? Die Verpflegung für Dagi würdest Du besser als Adlon's Küchenchef vorbereiten, und Du könntest, wenn Du mit dem Frühzug kommst, abends wieder zurück, besser aber noch, über Nacht bleiben. Samstag halb 10 Generalprobe »Butterfly«, Sonntag 17 Uhr Premiere.

... Ich könnte ein getragenes Kostüm, schwarz mit dünnen hellen Streifen, für Dagmar erwerben. Habt Ihr dafür Interesse, dann könntest Du es Dir ansehen. Es gehört der netten kleinen Sekretärin Kästners [Liselotte Rosenow].

Aus meinem Artikel ist manches rausgefallen, aber das hatte ich beinah erwartet ... Ich muß die Leute immer ein bissel reizen, wenn nichts gestrichen wird, ist der Artikel nichts wert gewesen.

Der »Pinguin«[1] braucht dringend ein Bild von Dagi.
Tausend Küssel
Euer Daddy

München, 7.5.46

Liebes Du!
Heute hat Frau Husch Geburtstag, Nr. 36. Ich habe ihr zur Überraschung ein Flaschel Tinte auf die hellgrüne Tischdecke gekippt und zürne mir darob sehr. Sie hat mich dafür zum Essen eingeladen; ich gab ihr 1 Liter Milchmarken für ihren Kaffee. So wäscht eine Hand die andere und diese wieder die Tischdecke ...

Die »Butterfliege« war mäßig. Ich hatte keine Karte zur Generalprobe, weil es das bisher nicht gab. Als ich sagte, wer ich bin, stürzten sich dienstbeflissene Direktoren und Regisseure auf mich und plazierten mich in die erste Reihe.

Seid umschlungen, Dingsda, diesen Kuß der janzen.
Euer N.

---

[1] Die erste Zeitschrift für junge Menschen nach dem Krieg, von Erich Kästner am 1. Januar 1946 gegründet und redigiert, erschien im Rowohlt-Verlag. Da wurde ein Gedicht von mir abgedruckt und es sollte ein Foto von mir dabei sein.

Zum Verständnis des Folgenden: In das Haus meines Onkels Jaenicke in Lenggries, wo wir wohnten, wurden noch zwei schlesische Flüchtlinge einquartiert, einstige Großgrundbesitzer. Sie schafften sich zwei Stallhasen an, um sie mit dem, was wir auf den Bergwiesen abrupften, fett zu füttern und dann zu schlachten. Natürlich mußten die Tiere einen Namen haben und ich fragte meinen Vater, wie wir sie nennen sollten. Er antwortete auf einer Postkarte:

München, 8. 5. 46

Meine!
Ich würde die Kaninchen, da es doch Geschwister sind, Siegmund und Sieglinde nennen, die es doch bekanntlich miteinander trieben. Und den Sohn dann Siegfried. Es ist auch so *deutsch!* Ich habe jeden Tag frische Blumen von Ursulas Riesenkörben.[1] Heute Maiglöckchen und gelbe Tulpen. F. schrieb, er hätte die Hilli Wildenhain mit meinem »Glückwunsch eines Enfant terrible«[2] im Bayerischen Radio gehört.

Heute war ich in »Butterfly«, ließ es aber beim ersten Akt bewenden. Morgen um halb vier spielt Orff seine neue Oper »Agnes Bernauer« vor. Ich fahre mit Erich hin. Eine »Wochenpost« in Stuttgart bemüht sich um Beiträge von mir. Sah heute in der Redaktion der Neuen Zeitung Dagis Gedichte liegen. Rode hatte verschiedenes angekreuzt. Auf diese Weise kann sie Erich noch einmal durchsehen.

Orff war vorgestern in der Schaubude, hat eine nette zweite Frau.
Sonst nichts Neues, immer dasselbe:
Liebe, Liebe, Liebe!!!

Dein N.

Die jetzt folgende Karte meines Vaters ist nicht an meine Mutter adressiert, sondern ausnahmsweise an mich; er unterschreibt sie mit Josef, seinem zweiten Taufnamen, mit dem ich als Kind ihn »anbellte«, wenn ich ihm etwas Dringendes erzählen wollte und er, weil er Wichtigeres im Kopf hatte, nicht richtig zuhörte. Dieser Anruf »Josef!« brachte ihn natürlich sofort zum Lachen und dann war er für mich »da«.

[1] Ursula Herking war und blieb der Star des Schaubudenprogramms und bekam täglich von ihren Verehrern Körbe voll Blumen.
[2] Das war ein freches Chanson mit einem Text von Erich Kästner.

München, 10. 5. 1946

Liebes Grödazelchen,¹ Eichkatzelchen, Fratzelchen!
Danke für Karte. Desch – fesch!²⁵ Wegen Foto werde ich Erich fragen. War mit ihm heute in Gräfelfing, Orff spielte uns die »Bernauerin«, seine neue Oper – Ballade nennt er's – vor. Großartige Sache!
 … Beginne langsam mit dem Mahler-Artikel. Bleibt Ihr Mittwoch über Nacht? I hope so. Bringt mir ein Flaschel Tinte, abgefüllt, mit, hier gibt's keine. Tschüß!
 An Mutti zehn Küsse! Dir einen ganzen Haufen!
Dein Josef

[München,] 20. 5. [1946]

Ihr werdet lachen: Heute kam von Frau D., die bei den Amis arbeitet, ein Laib Brot! Und morgen gehe ich aufs Zollamt ein 6 Kilo-Paket von S. aus Schweden holen! Also wird der Hungertod wieder hinausgeschoben.
 … Leider hat meine Überschrift für den Artikel [über Gustav Mahler] keinen Platz gefunden. Aber das Mahlerbild freut mich sehr. Zwei Sätzchen gestrichen.
 Seid umarmt in der Vorfreude auf die Tage bei Euch,
Euer Daddy

---

[1] Hitler, der von seinen Genossen als »Größter Feldherr aller Zeiten« bezeichnet wurde, hieß bei denen, die darüber anders dachten, abgekürzt: Gröfaz. Wenn ich mal etwas übergeschnappt war, nannte mich mein Vater mit entsprechend ironischem Unterton »Grödaz«, was »größter Dichter aller Zeiten« heißen sollte; auf dieser Postkarte im Diminutiv.

[2] Der Verleger Kurt Desch, der an meinen Gedichten interessiert war und mich in seine feudale Villa nach Nymphenburg eingeladen hatte. Den tiefsten Eindruck machte mir dort nicht etwa der Verlagsherr, der mir wie eine Mischung aus Hochstapler und Schwarzhändler erschien, sondern ein großer quadratischer Glastisch, der mir nur bis zur Wade reichte, also ein »Couchtisch«. So etwas hatte ich noch nie gesehen. Bei uns waren Tische dazu da, um an ihnen zu schreiben oder zu essen und nicht, um in Kniehöhe für derartige Nutzung ganz unbrauchbar zu sein!

[München,] 3.6.46

Liebste Katzen!
Zu Eurer Beruhigung: Die Frau D. sandte mir ein zweites Paket mit allerhand Drogen und Chemikalien: Seife, Zahncreme, Rasierseife, sogar Zigaretten.
Morgen halb zehn Generalprobe für »Freischütz«.
Es geht mir gut, ich bin auch ganz und gar satt, wirklich. Na wie denn nicht, bei so viel Liebesgaben. Es gießt. Ich liebe Euch. Also immer dasselbe ...
Für Dagi: Rudolf Bach[1] sprach mich in Gegenwart von Paul Verhoeven um Dagis Gedichte an. Wenn sie ihm was schickte, wärs nicht schlecht.
Tschüß! Behaltet ihn lieber,

den Vati

M., 6.6.46

Geliebteste Katja!
Gestern brachte C. einen Laib Brot von Dir. Du Gute, ich danke Dir allerinnigst. Aber da ich schon von Frau D. begnadet worden war, hätte ich ihn nicht notwendig gehabt. Im Gegenteil, ich hatte mir schon überlegt, Euch für 1 kg Brotmarken zu schicken. Habt Ihr denn genug Brot?
»Freischütz« war recht gut. Ich werde einen Artikel darüber machen, keine Kritik.
Habe von Gerda Maurus[2] vier Lieder, schöne Texte, zur Vertonung bekommen.
Das Theater in Coburg macht »Kleopatra«.
Ursula Herking lernt jetzt Chiquis Chanson.[3] Sie würde es fabelhaft machen!
Frau Wreede[4] schreibt aus Berlin, alles Notenmaterial des »Kleinen Hofkonzerts« wäre vernichtet.

[1] Rudolf Bach, 1901–1957, Schriftsteller und Dramaturg am »Bayerischen Staatstheater«, München.
[2] Gerda Maurus, Schauspielerin, lebte damals in München.
[3] Ursula Herking lernte das Kästner-Nick-Chanson »Liebe und Treue«, dem Chiqui nicht gewachsen war, da sie keine Ausbildung genossen hatte. Sie trat später dann auch von der Bühne ab.
[4] Hannelore Wreede war meines Erachtens im Verlag Felix Bloch Erben, der Nickis »Kleines Hofkonzert« herausgebracht hatte.

Kästner ist noch in Konstanz. Zu seinem Chanson fehlte eine Strophe, die mir Rudi Schündler zu zeigen verschwitzt hatte, der Schussel. So ist es schon brauchbar, ich bin darüber.[1]

Fee v. Reichlin[2] besuchte mich wegen Chansons. Slezak gestorben, – wie traurig!

Hier große Hitze, ich nach wenig Schlaf ziemlich unbrauchbar, wie Du aus diesem Durcheinander siehst …

Ich küsse Dich ganz viel und Dagi auch,

Euer vergreister N.

Die im vorigen Brief erwähnte Gerda Maurus, verheiratet mit dem Regisseur R. A. Stemmle, hatte meinem Vater am 29. Mai 1946 folgenden Brief geschrieben:

Lieber hochverehrter Herr Dr. Nick, ich habe ein paar wunderschöne Gedichte von Hermann Mostar, die nach Ihrer Musik nur so schreien. Haben Sie Zeit und Lust dazu? Ich wäre überglücklich. Bitte verständigen Sie mich doch bitte in die Kleine Komödie, wann ich Ihnen die Gedichte zeigen darf. Mit vielen herzlichen Grüßen Ihre Gerda Maurus.

Bereits am 26. Juni 1946 hat mein Vater dann Mostars Gedicht »Alles ist wieder gut« komponiert, wehmütig-innig und zweifellos im Gedenken an meinen im Krieg vermißten Bruder, dessen Bild in unserer Berliner Wohnung von der Bombe verschont worden war und das im März 1946 auf wundersame Weise zu uns zurückkehrte. Gerda Maurus hat das Lied, das auch ein Zeitdokument ist, später gesungen.

---

[1] »Ich bin darüber« hieß: Ich komponiere es bereits.
[2] Fee von Reichlin, bezaubernde Schauspielerin und Sängerin, früher in Berlin.

ALLES IST WIEDER GUT

Text: Herrmann Mostar
Musik: Edmund Nick

Ich weiß eine Hausruine, darin habe ich gewohnt,
und eine Wand meiner Kammer, die haben die Bomben verschont.
Ein Bildchen hängt an der Mauer, man kann es von unten sehn,
und wenn ich zur Arbeit gehe, bleibe ich immer stehn.
Die andern laufen vorüber, sie sehen nicht, was da hängt:
sie wissen ja nicht, du Lieber, daß du mir 's einst geschenkt.

Ich sah es zuletzt all Abend und alle Morgen zuerst,
so war mir im Schlafen und Wachen, als ob du bei mir wärst.
Ich hätte es gerne wieder in meinem Kämmerlein,
doch kann es mir keiner holen, sonst stürzte die Mauer ein.
So seh ich 's nur fern und trübe unterm gesprungenen Glas,
wie auf deinen Briefen die Tinte, die ist auch immer so blaß.

Und doch ist mir 's wie ein Zeichen, daß ich von allem, was stand,
von Schränken und Tischen und Stühlen nur noch dein Bildchen fand.
Und ob die Leute auch lachen, ich winke ihm heimlich zu:
so lang ich das Bildchen sehe, so lange lebst auch du.
Die Bombe, die es verschonte, die wußte wohl, was sie tut.
Du wirst nach Hause kommen, und alles ist wieder gut.

Freitag, 7.6.46

Geliebte Katzen!
Heute mußte ich wieder tingeln,[1] weil unser Hellmuth Krüger ein ganz großes, gefährliches Furunkel auf der rechten Backe hat. Ich vertrat ihn, obwohl ich doch immer den *mittleren* »Ostmärker« gesungen hatte. Es ging bis auf einen kleinen Irrtum, aber da sprangen die beiden andern ein.
    Willy Birgel saß in der ersten Reihe. Gestern war der Intendant von Coburg drin, der mit mir über die »Kleopatra« sprach, die er

---

[1] Nicki sprang wieder bei »O du mein Österreich« ein. Dieses Mal mußte er einen anderen Part singen als bei seinem vorangegangenen Einspringen.

macht. Und ein Herr Förster aus Mannheim, der mit Ria Rose[1] zu mir kam. Er ist jetzt von Friedrich Bischoff engagiert für die Unterhaltungsabteilung [im Südwestfunk]. Es kommen überhaupt ununterbrochen Besuche – ich weiß gar nicht, wer noch alles, z.B. die »Nina«[2] vom Teplitzer Stadttheater oder Suse Schütze aus Reichenberg und solches Zeug. Dienstag bin ich bei Monalisa Marteau[3] zum Kaffee. Es geht mir gut, ginge es Euch auch so, Du armes Geplagtes! Dafür liebe ich Dich aber so sehre!

Euer Guter

---

[1] Schauspielerin bei Barnay in Breslau
[2] Nina: eine Soubrettenrolle in Nickis Operette »Über alles siegt die Liebe«.
[3] Mit Monalisa, Tochter des berühmten Geigers Henri Marteau (1874 bis 1934), verband uns eine ganz alte, innige Freundschaft.

Vorbereitungen zum zweiten Programm

Im Juni 1946 waren alle an der Schaubude Beteiligten intensiv bei der Vorbereitung des nächsten Programms mit dem Titel »Gestern – Heute – Übermorgen«. Erich Kästner, Herbert Witt, Hellmuth Krüger und Axel v. Ambesser schrieben wieder neue Texte, Nicki begann mit dem Komponieren und Rudolf Schündler überlegte sich die Besetzung für die aus dem Ensemble entlassene Chiqui. Kästner bastelte ein ziemlich ernstes Gedicht für die nicht so begabte Petra Unkel mit dem Titel »Die Jugend hat das Wort«. Und für Ursula Herking schrieb Herbert Witt ein hinreißend die Besatzungsmächte verblödelndes Chanson »Don't fence me in«.

Ende Juni verließ der mächtige van Loon, von dessen Placet jeder Text und jeder Schauspieler der Bühnen in Bayern abhing, Deutschland, um in die Vereinigten Staaten zurückzukehren. Am 26. Juni gab es eine Abschiedsfeier für ihn mit einem Festmahl im Hotel Bayerischer Hof. Mein Vater hat die Speisekarte aufgehoben: ein schlechter Druck auf einem kleinen Stück Nachkriegspapier. Die »Speisenfolge« muß für die verhungerten Gäste fulminant gewesen sein, es gab eine Brühe mit Fadennudeln; ein Wiener Kalbsschnitzel mit Salatplatte und danach ein »Bisquitt surprise«. Tags darauf schreibt mein Vater:

[München,] 27.6.46

Geliebtestes!
Nach Tisch waren heute Rudi und Erich bei mir und ich machte ihnen vor, was fertig war. Unter dem Druck, daß die heute kommen, hatte ich noch rasch die »Drei Männer und ein Ziegelstein« zu Papier gebracht, was ohne weiteres gefiel. Auch das für die Herking war o.k. Das für Petra Unkel [»Die Jugend hat das Wort«] muß umgekrempelt werden, Erich will andere Betonungen, nicht: Ihr seid die *Ältren*, wir sind *jünger*, sondern: Ihr seid die Ältren, *wir* sind jünger. Na schön, mach ich halt, wenns sein muß. Er war sehr nett, ich servierte natürlich Nes.
Gestern der Abend stur. Etwa 120 Personen, wenige Frauen, Paula

Stuck,[1] Hanna Rucker und paar Amerikanerinnen. Der kleine Walter Behr rückt nun an van Loons Stelle; an seine kommt ein Mr. Hahn, der bisher in Frankfurt war und mich in dem Gewühle der herumstehenden Herren aufsuchte und mir Grüße von Tatjana Sais brachte. Netter Mann. Essen fabelhaft. Sehr nette Rede von van Loon.

Mit Petra Unkel wird's eine fürchterliche Arbeit geben, sie ist eine blutige Anfängerin.

Mein Kocher, der kleine, ist wieder einmal kaputt.

Meine Kritik kommt vielleicht Sonntag. Erich Kästner sagte, es kämen immer Beschwerden, daß sie zu viel von München brächten.

Lebt wohl, Ihr Guten. Lieb haben!

Euer N.

München, 3.7.1946

Meine geliebten Katzen!

Euer Oberkater ist ein sehr ein vielbeschäftigter. Heute war ein grauslicher Tag. Von 10 bis halb eins Probe. Von 9 bis 10: Susanne Rademacher bei mir.[2] Um 1 Uhr mit ihr im »Spaten«, dann zu Erich, der über einem Artikel dampfte und sich nicht sprechen ließ, ebenso wenig die Enderle, so daß die Frau Gehrken mit Susanne schwatzte – an sich sinnlos, ich glaube nicht, daß sich so schnell etwas findet. Nachher bei Baukner [Generalintendant der Bayerischen Staatstheater], der wollte, daß ich [Friedrich] Bischoff anläute, um mich nach Klemperer zu erkundigen, der in Baden-Baden sein soll. Es ging nicht wegen – »für Interzonengespräche nicht zugelassen«!

Um 4 Uhr Probe bis halb 6, dann ins Rosbaud-Konzert, wohin ich Susanne bestellt hatte. Hotter sang sehr schön, wurde aber viel zugedeckt. Pfitzner saß in unserer Reihe auf der Galerie, ich sprach ihn und seine Frau. Es war für ihn eine große Ovation, auch für Hotter. Dann Susanne heimbegleitet, ins Hotel Rosengarten.

---

[1] Paula Stuck, geb. Heimann, in angeheirateter Weise mit meiner Mutter verwandt, war Journalistin und Schriftstellerin, Frau des Rennfahrers Hans Stuck. Sie schrieb in den Zwanziger Jahren für das Lobe-Theater in Breslau drei kleine Stücke, die von meinem Vater vertont und unter seiner musikalischen Leitung dort aufgeführt wurden.

[2] Susanne Rademacher, Freundin und einstige Gesangsschülerin meiner Mutter, ausgezeichnete Übersetzerin aus dem Englischen, später verheiratet mit Hans-Georg Brenner, einem der Mitbegründer der »Gruppe 47«. Sie hoffte, durch Nicki eine Arbeit an der »Neuen Zeitung« zu finden.

Habe heute noch einen Fox-Marsch für eine Herbert-Witt-Nr. hingehaut.
Mörderische Hitze! Keine Butter. Noch nicht. Morgen!
Miede. Nu ins Bette! Gute Nacht – Kuß!

                 Euer Eddy-Daddy

Zwei Tage später berichtet mein Vater in einem Brief an den Musikwissenschaftler Prof. Hans Joachim Moser nur kurz über dieses Konzert, aber sehr ausführlich über einen Besuch bei Hans Pfitzner im Altersheim am Luise-Kiesselbach-Platz. Der Brief ist erhalten und gibt nicht nur ein Bild von dem damals 77jährigen Komponisten, sondern auch von jener Nachkriegszeit:

                München, den 5. Juli 1946
Lieber Herr Professor!
Ich habe bis heute gewartet, Ihnen einen Bericht über Hans Pfitzner zu geben, weil gestern ein Konzert stattfand, in welchem »Dietrichs Erzählung« aus dem »Armen Heinrich« von Hans Hotter gesungen wurde. Rosbaud dirigierte. Es war eine große Ovation für Pfitzner, der in meiner Nähe auf der Galerie saß und sich unzählige Male für den zu ihm hinaufbrandenden Applaus bedanken mußte. Auf diese Weise scheint das Eis gebrochen zu sein, in dem seine Musik bis jetzt eingefroren war. Vor ca. 14 Tagen habe ich ihn an einem Sonntagvormittag aufgesucht. Er wohnt in einem großen, modern gebauten und bis auf einige Brandschäden scheinbar unbeschädigten Altersheim, das wohl schon ein wenig vor der Stadt liegt. Er hat dort mit seiner Frau zwei kleine Zimmer inne, die im dritten Stock in einem Seitenflügel etwas abseits gelegen sind, damit er von dem sonstigen Trubel wenig spürt. Der Blick auf ramponiertes Fabrikgelände ist nicht gerade schön, aber zwischendurch sind wieder Kornfelder und Gutshöfe, und, so meine ich, ist die Umgebung noch immer besser als die Stadt mit ihren Trümmern. In dem Zimmer sah es reichlich unordentlich aus. Alte Zeitungen und Bücher lagen durcheinander auf einem großen Eichentisch. In dem Zimmer stand ein altes Pianino, das ihm einer der Insassen geliehen hat und darauf lagen wenige zerschledderte Noten, Lieder und Klaviersachen eigener Fechsung, eine Don-Juan-Partitur und einiges mehr.

Ich traf den Meister auf dem Gange und als ich ihm meinen Namen nannte, schnauzte er mich in seiner bekannten Art an: »Ich habe Sie schon lange erwartet.« Ein weißhaariges, gebücktes Männlein, schlurfte er ins Zimmer und bat mich, Platz zu nehmen. Da saß ich ihm anderthalb oder zwei Stunden gegenüber, er ließ mich gar nicht mehr fort und war reizend, aufgeräumt, sprühte von kaustischen Witzen, und so wurden alle möglichen Themen, von seiner Unterbringung bis zum Kriegsende, durchplaudert. Daß er etwas in fossilen Ansichten stecken geblieben ist, geht ja aus seinen Schriften hervor. Bismarcks Sturz durch den »Lausebengel« Wilhelm II. erscheint ihm als der Anlaß zum Ersten Weltkrieg, und die Gerichtsverhandlung in Nürnberg nannte er eine »Pharisäerorgie«. Es war eine Freude, ihm so lange in das schön gemeißelte Gesicht sehen zu können, auch hat er schöne Hände, und wenn man, wie ich, seinen Schrullen Verständnis entgegenbringt und sie gewissermaßen »genießt«, dann kommt man glänzend mit ihm aus. Er trug einen Smoking als Hausrock, denn er hat ja alles verloren bis auf den Inhalt eines Koffers, der ihm kurz vorher aus dem von ihm in Rodaun bei Wien bewohnten Hause nach München gebracht wurde. Im Laufe des Gesprächs nestelte er sich beschwerlich einen Kragen um und band sich dazu den bekannten langen schwarzen Schlips. Zwischendurch kam auch seine Frau aus dem anderen Zimmer herüber und blieb eine Weile bei uns sitzen.

Im allgemeinen kann ich sagen, daß er nicht »unwürdig« untergebracht ist, sondern nicht besser und nicht schlechter als wir alle. Wenn es auch gerade für seine 77 Jahre besonders bitter ist, nun nichts mehr zu besitzen. Er beschwerte sich darüber, daß ihm die Bewohner des Altersheimes eine kleine Mehrzuteilung bei den Mahlzeiten neideten und sagte, er habe diesbezüglich ein Schreiben an den Stadtrat gerichtet, was mir natürlich komisch vorkam, denn den Neid kann man ja damit nicht aus der Welt schaffen, daß man sich darüber beschwert. Als ich wegging, wurde dem Ehepaar Pfitzner das Essen auf dem Zimmer serviert und das sah eigentlich recht befriedigend aus. Er lud mich aufs freundlichste ein, ihn bald wieder zu besuchen, und hat auch gestern diese Einladung wiederholt.

Natürlich liegt ihm daran, jetzt noch, so lange er lebt, wieder gehört zu werden. Wie mir der geschäftliche Leiter der Philharmoniker, Dr. Zentner, sagte, wäre für die kommende Konzertzeit das »Klavierkonzert« mit Rosl Schmid in Aussicht genommen. Auch sei man seitens der Tonkünstlerschaft, die sich in München zu einer Gruppe zusammengeschlossen hat (der ich auch angehöre), dahinterher, für den Meister zu tun, was sich tun läßt, um seine traurige

Lage zu verbessern. Er vermißt am meisten den Wein, denn er war gewohnt, allabendlich sich die Bettschwere mit einer Flasche zuzulegen. Aber solche Quanten zu beschaffen, würde sowohl am Preise als auch an dem Mangel an Weinen scheitern.

Lieber Herr Professor, ich hoffe, Sie mit diesem Bericht beruhigt zu haben. Es ist m.E. ein erträglicher Zustand, ohne daß man ihn besonders rosig nennen kann. Ich glaube, Sie sind mit Ihrer Familie bei weitem schlechter untergebracht und verpflegt. Von mir kann ich es auch sagen, wenn ich auch gegenwärtig auf einem geborgten Bechstein spielen kann. – Komponiert hat Hans Pfitzner in letzter Zeit nichts. Das in Berlin aufgeführte Sextett hatte er noch in Garmisch, ohne ein Klavier zu besitzen, zu Papier gebracht. Ich habe seine große geistige Frische wieder aufs neue bestaunt und bedauere es nur, daß ein Südwestdeutsches Blatt alle gegen Hans Pfitzner sprechenden Argumente in einem Pamphlet vereinigt und ihn damit sehr geschädigt hat. Der Urheber dieses Werkes heißt Julius Bahle.

Nun für heute herzlichste Grüße an Sie, Frau Dorle und Ihr Quintett.

Ihr stets getreuer

Edmund Nick

[München,] 11.7.46

Geliebtes!
Ich war heute bei der Ärztin: Blutdruck 100 zu 65. Blutbild und Senkung, die ich machen lassen muß, damit sie die Lebensmittelzuteilung bewilligt bekommt.

... Metzners reizende Premiere gesehen. Im Theater sprach mich Lothar Brühne an, daß er »für mich« [d.h. statt meiner] ein Couplet für Inge Bartsch komponiert hätte; ich war sehr erstaunt, denn Schündler hat es mir ja noch nicht gestanden. Heute bekam ich für den abgelehnten Ambesser-Text den »Kümmerer« [von Kästner] zu komponieren. Diesen Berliner Ausdruck kennt doch hier kein Aas. Auch muß ich das neu machen,[1] denn mir ist nur die erste Strophe noch haften geblieben.

---

[1] »Der Kümmerer«, ein Text von Erich Kästner, war von meinem Vater bereits 1934 für das Kabarett »Die Katakombe« in Berlin komponiert worden; die Noten gingen verloren, und so versuchte Nicki es aus dem Gedächtnis zu rekonstruieren.

Ursula Herkings langes Ding[1] ist zu Dreiviertel fertig, nachmittag war Herbert Witt da, der noch was umgedichtet hatte. Mit Ursel hab ich schon fest gearbeitet. Wenn noch so viele neue Chansons gemacht werden sollen – wann sollen die denn studiert werden, die müssen doch »gekitzelt« werden! – Soeben bekam ich die Schlußnummer.[2]

Zu allem Unheil brennt das Licht ganz lächerlich schwach, kochen kann ich gar nicht auf diese Weise. Ein Oberschlesier suchte mich heim, der mich zum Lizenzträger eines schlesischen Flüchtlingskonzertunternehmens überreden wollte. Never!

Ich umarme Euch in größter Liebe und bin immer

Euer Gandhi[3]

Die folgende Nachricht auf einer Postkarte geht an mich. Die Anrede »Kitsche« ist schlesisch und eigentlich nur auf kleine Mädchen anzuwenden. Meine Gedichte lagen inzwischen sowohl im Verlag von Kurt Desch wie auch bei Herrn Vonficht, dem sehr umtriebigen, ehrgeizigen Chef des Drei-Fichten-Verlages. Ich war nicht besonders dahinter her, ein Buch herauszubringen, aber es gefiel mir natürlich, plötzlich so umworben zu werden.

[München,] 12.7.46, früh.

Liebste Kitsche!

1. Gestern Abend sprach ich noch Horst Lange. Ich gab ihm Deinen »Rembrandt« zu lesen. Er fand ihn »großartig« – bis auf die Zeile mit »virtuos«. Natürlich ohne daß ich vorher etwas davon erwähnt hatte, daß ich auch darüber gestolpert war. 2. Desch sollst Du Zeit lassen. Lehnt er ab, wird Dich Horst Lange zu Piper bringen. Fichtenverlag wäre nicht gut, er brächte viel heraus, schäbigstes Papier, billigster Einband.[4] Bei Desch dauert es länger, wird aber solide.

[1] »Don't fence me in«, Text von Herbert Witt.
[2] Alles für das nächste Programm.
[3] Nicki war so abgemagert, daß wir sagten, er sähe aus wie Gandhi nach einem Hungerstreik.
[4] Mein erstes Lyrikbändchen »Märtyrer« erschien dann doch 1947 bei Vonficht auf wenig edlem Papier, aber dennoch erlebte das Buch einen Siegeszug von verblüffenden Ausmaßen, sicher auch, weil es damals noch wenig neue Bücher gab und ich quasi in eine lyrische Marktlücke fiel. Es mußte sehr schnell eine zweite Auflage gedruckt werden, bereits 1948 bekam ich dann meinen ersten Literaturpreis, den Liliencron-Preis der Stadt Hamburg.

3. In der Jugendkundgebung der Kulturtage am Mittwoch liest Hanna Rucker Deine Sterne. 4. Horst Lange liebt Dich sehr. 5. Ich auch.
Ein lebender Leichnam, setze ich mich jetzt ans Klavier!
Heil Truman!

                Kuß N.

             [München,] 25. 7. 46

Meine Allerliebsten.
Also Sonntag sollt Ihr mir willkommen sein!
 Schreibe jetzt einen Ballettartikel fürs »Karussell«. Große Hitze. Bei uns die Straße völlig entschuttet,[1] dafür ab 6 Uhr früh täglich Krach von Autos und Greifbaggern. Aber das ist ja nun vorbei. Geh jetzt in die Figaro-Generalprobe.
 Ich bin immer bei Euch!

            Allerinnigst Euer Munterer

Aus dem 2. Programm »Gestern – Heute – Übermorgen«

DIE JUGEND HAT DAS WORT

Text: Erich Kästner
Musik: Edmund Nick

Ihr seid die Ältren. Wir sind jünger.
Ihr steht am Weg mit gutem Rat.
Mit scharf gespitztem Zeigefinger
weist ihr uns auf den neuen Pfad.
Ihr habt das wundervoll erledigt.
Vor kurzer Zeit schriet ihr noch »Heil«!
Man staunt, wie ihr jetzt Freiheit predigt
wie kurz vorher das Gegenteil.

---

[1] Tatsächlich dauerte es mehr als ein Jahr, bis man die Straßen so weit vom Schutt der auf die Fahrbahn gestürzten Ruinen befreit hatte, daß man mit einem Auto wieder darüber fahren konnte.

Wir sind die Jüngeren. Ihr seid älter,
doch das sieht auch das kleinste Kind,
ihr sprecht von Zukunft, meint Gehälter
und hängt die Bärte nach dem Wind.
Nun kommt ihr gar euch zu beschweren,
daß ihr bei uns nichts Recht's erreicht?
O schweigt mit euren guten Lehren!
Es heißt, das Alter soll man ehren...
Das ist mitunter gar nicht leicht.

Wir wuchsen auf in eurem Zwinger.
Wir wurden groß mit eurem Kult.
Ihr seid die Ältren. Wir sind jünger.
Wer älter ist, hat länger Schuld.
Wir hatten falsche Ideale?
Das mag schon stimmen, bitte sehr.
Doch was ist nun? Mit einem Male
besitzen wir selbst *die* nicht mehr.
Um unser Herz wird's kalt und kälter.
Wir sind so müd und ohn' Entschluß.
Wir sind die Jüngeren. Ihr seid älter.
Ob man euch wirklich lieben muß?
Ihr wollt erklären und bekehren.
Wir aber denken ungefähr:
»Wenn wir doch nie geboren wären!«
Es heißt, das Alter soll man ehren...
Das ist mitunter furchtbar schwer.

Ein alter Herr geht vorüber

Text: Erich Kästner
Musik: Edmund Nick

(Ein alter Herr kommt langsam seines Weges. Mit einem Wägelchen voll Holz oder etwas Ähnlichem. Er bleibt, nur wie um Atem zu holen, stehen, sieht die Zuschauer und singt:)

Ich war einmal ein Kind. Genau wir ihr.
Ich war ein Mann. Und jetzt bin ich ein Greis.
Die Zeit verging. Ich bin noch immer hier
und möchte gern vergessen, was ich weiß.

Ich war ein Kind. Ein Mann. Nun bin ich mürbe.
Wer lange lebt, hat eines Tags genug.
Ich hätte nichts dagegen, wenn ich stürbe.
Ich bin so müde. Andre nennen's klug –

Ach, ich sah manches Stück im Welttheater.
Ich war einmal ein Kind, wie ihr es seid.
Ich war einmal ein Mann. Ein Freund. Ein Vater.
Und meistens war es schade um die Zeit.

Ich könnte euch verschiedenes erzählen,
was nicht in euren Lesebüchern steht.
Geschichten, welche im Geschichtsbuch fehlen,
sind immer die, um die sich alles dreht.
Wir hatten Krieg. Wir sahen, wie er war.
Wir litten Not und sah'n, wie sie entstand.
Die großen Lügen wurden offenbar.
Ich hab ein paar der Lügner gut gekannt.

Ja, ich sah manches Stück im Welttheater.
Ums Eintrittsgeld tut's mir noch heute leid.
Ich war ein Kind. Ein Mann. Ein Freund. Ein Vater.
Und meistens war es schade um die Zeit.

Wir hofften. Doch die Hoffnung war vermessen.
Und die Vernunft blieb wie ein Stern entfernt.
Die nach uns kamen, hatten schnell vergessen.
Die nach uns kamen, hatten nichts gelernt.
Sie hatten Krieg. Sie sahen, wie er war.
Sie litten Not und sah'n, wie sie entstand.
Die großen Lügen wurden offenbar.
Die großen Lügen werden nie erkannt.

Und nun kommt ihr. Ich kann euch nichts vererben.
Macht, was ihr wollt. Doch merkt euch dieses Wort:
Vernunft muß sich ein jeder selbst erwerben,
und nur die Dummheit pflanzt sich gratis fort.
Die Welt besteht aus Neid und Streit und Leid.
Und meistens ist es schade um die Zeit.

(Er geht, sein Wägelchen hinterdreinziehend, ab.)

Le dernier cri

Text: Erich Kästner
Musik: Edmund Nick

(Von links: die Solistin, von rechts etwa vier Frauen, die sich in einigem Abstand hinter ihr aufstellen. Alle sind ärmlich angezogen. Der Grundton des Vortrags: trotzig, verbissen, dabei, quasi, ungeweinte Tränen en gros, die im Verborgenen blühn, E.K.)

I.
Wir schleppten Kisten. Wir waren Chauffeure.
Wir standen auf Dächern und schmissen mit Sand.
Wir drehten Läufe für eure Gewehre.
Uns nahm in den Kellern der Tod bei der Hand.

Chor: »Ach wie bald, ach wie bald
schwindet Schönheit und Gestalt.«

Es rauschten vom Himmel die singenden Minen
Wir waren zu müde zur Angst, mein Schatz.
Dann standen wir wieder an den Maschinen.
Wir waren ein williger, ausnehmend billiger
Männerersatz.

Warum mußten unsre sanften Hände rauh sein?
Warum mußte unser Haar so zeitig grau sein?
Und genau so grau das Gesicht?
Eine Frau will doch endlich eine Frau sein!
Eine Frau will doch endlich eine Frau sein!
Versteht ihr das denn nicht?
Versteht ihr das denn nicht?

Chor: »Ach wie bald ...«

II.
Wir haben Sehnsucht nach Glück und nach Seide.
Der Krieg ist vorbei und noch immer nicht aus.
Die Tränen, die sind unser letztes Geschmeide.
Der Hunger schiebt Wache vor unserem Haus.

Chor: »Ach wie bald ...«

Das Elend als Hemd und als Mantel die Reue,
die Armut als Hut und Verzweiflung als Kleid!
Da stehen wir nun und tragen die neue,
die fleckige, scheckige, speckige, dreckige
Mode der Zeit!

Wird der Himmel über uns denn nie mehr blau sein?
Wird das Leben, unser Leben, immer grau sein?
Und ein einziges Jüngstes Gericht?
Eine Frau will doch endlich eine Frau sein!
Eine Frau will doch endlich eine Frau sein!
Versteht ihr das denn nicht?
Versteht ihr das denn nicht?

Chor: »Ach wie bald ...«

Versteht ihr das denn nicht?

Zum Verständnis des folgenden Chansons muß man erwähnen, daß einige mehr oder weniger üble sogenannte »Mitläufer« unter den Naziparteimitgliedern als »Strafe« eine sechswöchige Trümmeraufräumarbeit »aufgebrummt« bekamen. Das wurde in »Drei Herren und ein Ziegelstein« thematisiert. Das Tempo des Terzetts ist schleppend.

DREI HERREN UND EIN ZIEGELSTEIN

Text: Hellmuth Krüger
Musik: Edmund Nick

Wir bauen ab! Wir bauen ab! Wir bauen ab –
die Trümmer der Vergangenheit.
Sechs Wochen sind ein wenig knapp
für Schutt aus tausendjähr´ger Zeit.

Man reiche mir den Ziegelstein!
Die Straße muß enttrümmert sein.

Da blinder Eifer schaden kann,
so gehen wir mit Vorsicht ran.
Wir haben dies schon mal erlebt,
wie leicht man sich da überhebt.
Langsam, langsam, langsam!

Wir räumen, wie räumen,
gereinigt wird die ganze Stadt.
Wir träumen, wir träumen,
daß man auch uns gereinigt hat!
Es geht nur langsam, Schritt für Schritt,
wir liefen sowieso nur mit.
Wir waren niemals Aktivisten –
auf unsern Fragebogenlisten.
Wir taten, weil man's uns befahl!
Was man befahl, war uns egal!
E – i – juch – njem!   (der Wolgaschlepperruf)

Wir bauen auf, wir bauen auf! Wir bauen auf
das Fundament zum neuen Haus:
Wir suchen aus dem Trümmerhauf´
die heilen Ziegelsteine raus.
Sind unsre Finger auch voll Dreck,
die Weste ist bald ohne Fleck!
Mag jetzt auch eine Notzeit sein,
ich glaub, es muß bald Brotzeit sein.
Für heut hab'n wir genug gemacht,
ein Stein pro Stunde, das macht acht!
Langsam, langsam, langsam!

Wir räumen, wir räumen!
Wir sind zum Volk mit Raum bereit.
Wir träumen, wir träumen,
daß wir von aller Schuld befreit.
Wir waren nicht gedankenfrei,
wir waren nur durch Zwang dabei.
Wir waren niemals Aktivisten
als Nationalsozialisten.
Wir waren es ja nur zum Schein!
Warum soll'n wir jetzt aktiv sein –?
      It's a long way – !

Hellmuth Krüger (nach einer Selbstkarikatur)

Auf dem Nachhauseweg

Text: Erich Kästner
Musik: Edmund Nick

(Ursula Herking, leicht beschwipst:)

Wenn der Mond, die schiefe Apfelsine,
doch ein biß-, ein bißchen heller schiene!
Alle Welt spart Strom, drum spart auch er.
Ich bin blau wie hunderttausend Veilchen,
daran kann sich glatt noch wer beteil'gen –
Fritzchen, komm, ich fürchte mich so sehr.
    Man verträgt nichts mehr.

Du, der Weißwein schmeckte sehr umstritten
und der Schnaps war mit Benzin verschnitten,
na, und dann der grünliche Likör
und die vielen schwarzen Zigaretten
und die dicken fetten Schweinskoteletten
und die Linzer Torte hinterher –
    Man verträgt nichts mehr.

Paulas Bräutigam, mein Lie-, mein Lieber,
ist doch auch nur irgend so ein Schieber.
Wer nicht schiebt, der hat es heute schwer.
Denk dir, in der Zeitung stand geschrieben,
selbst die Wahlen wolle man verschieben.
Menschen sind das – brr – ich danke sehr!
    Man verträgt nichts mehr.

Fritzchen, ach wo bleibst du denn so lange?
Stehst du hinter einem Bäumchen Schlange?
Die Alleen sind heute, ach, so leer.
Immer feiern andre Mädchen Hochzeit
und allmählich wird's für mich nun doch Zeit.
Ach, mir ist das Herz ja oft so schwer –
    Man verträgt nichts mehr.

Stell dir vor, wir hätten tiefsten Frieden,
Deutschland läge irgendwo im Süden,
und die Ludwigstraße dicht am Meer,
alle Möbel ganz, selbst die Vitrine,
Mutters Tisch und Singers Nähmaschine,
so, als ob nie Krieg gewesen wär.
    Man verträgt nichts mehr.

Fritzchen, Fritzchen – ich glaube, auch er verträgt nichts mehr ...

»Die Reise durch die Zonen«
– *oder:*

DON'T FENCE ME IN

Text: Herbert Witt
Musik: Edmund Nick
(Variationen über ein bekanntes Thema)

Hinein in die Zonen,
ich halt es nicht mehr aus.
Ich muß mal wieder reisen,
ich muß mal wieder raus.

Herr Captain, ich brauche,
Sie wissen ja schon was –
Herr Captain, please, please,
den Interzonenpaß.
Ich möchte einmal wieder,
ich hoffe, Sie verstehn,
ich möchte in die Weite
und in die Breite gehn.
Ach lassen Sie mich bitte, bitte ziehn.
Herr Captain, don't fence me in!

I.
Ja, in Hamburg gibt's immer noch Matrosen.
Jede Deern mit einem Sailor geht.
Aber seine langen, weiten, weißen Hosen,
ja, die sind in London taylormade.
Und in Hamburg machte ich 'nen lütten Bummel,
denn die Nacht im Hafen lockte mich,
und da rief ein Tommy plötzlich »Hummel, Hummel!«
Oh, wie schön ist dieser Küstenstrich.
Und der Seemann an der Küste,
ja, der küßte und ich schrie:
Oh, ich seh vom Lande nichts and
nothing from the sea I see.
Ja, in Hamburg lud er mich zum Segeln ein,
doch ich sagte: Lieber sailor, nein!
Denn beim Segeln segelt man zu leicht herein!
Ahoi, my boy, 's hat keinen Sinn,
ich licht den Anker –
don't fence me in!

II.
Und in Berlin,
wo die Linden blühn,
da mußte auch ich erglühn,
ich traf den Mann,
mit einem Wort: I – wan!

(Die folgende Melodie muß mit starker Stimme gesungen werden, allmählich rascher werdend)

Komm zu mir, da gibt es Tschai,
Wodka und ein russisch Ei
und auch sonst noch mancherlei
so nebenbei, hei!
Ach, die Nacht war wunderbar.
Er glühte wie sein Samowar.
Ach, wie war der Mann in Form!
Hat sich niemals unterbrochen,
hat die ganze Zeit gesprochen,
hat gesprochen, gesprochen, gesprochen,
es war enorm!
Nur von der Bodenreform!
Und die Bodenreform, bedenke,
was für ein Gewinn!
(gesprochen) Ja, für den Boden,
aber nicht für mich –
don't fence me in!

III.
Dann fuhr ich in die Zone francaise.
Dort traf ich den reizenden René.
Der wollte toujours mit mir poussieren,
doch ich sagt', er soll von was anderm parlieren:
»Parlez moi de manger!
Ein Diner – wenn ich's nur hätte!
Mein Magen macht schon eh
tant de bruit pour une omelette.«
Da sprach René: Wie bin ich froh,
ich hab was Feines, mein Kleines,
für dich: einen Eintopf, ein Un-pot!
Da fuhr mir die Rage
ins Rouge der Visage:
Ich will kein Un-pot,
ich will deux pots und Fricandeau
und viele, viele andre Pots,
wo sind die Hors d'euvres, wo bleibt das Dessert?
Immer nur Sauce und Pommes de parterre!
Ist es ein Wunder, si l'amour meurs?
Adieu, cherie, adieu, mon René,
au revoir, ich geh.

Wie sag ich's französisch meinem Amant:
Don't fence me in? Non moi fance dans.

IV.   (Ländler)
Und wieder daheim im Landl,
da ging ich im kurzen Gewandl
auf meinen Berg im Nu.
Und ich trat vor meinen Sepp hin.
Der sagte nur: Du Deppin!
Und molk seine Kuh in Ruh.
Und ich schwor's ihm,
ich werde mich läutern,
ich schwor's ihm
bei allen Eutern,
ja, ich schwor's ihm bei Ochs und bei Stier.
Diese Reise war nicht ohne,
deine Interamazone,
die weiß erst jetzt, wie schön's ist bei dir!
Und sollte ich wieder mal
in die Ferne schweifen woll'n,
Sepp, sperr mich ein!
Sollte mich das Reisefieber
wieder mal ergreifen woll'n:
Sepp, sperr mich ein!
Weißt du was, mein Sepp, du guter, lieber,
weißt du: leg mich einfach über
oder hau mir rechts und links 'ne Richt'ge rin –
oh, fence me in!

Im folgenden Brief vom 29. Juli 1946 berichtet mein Vater von einer Veranstaltung in der Kantine der »Neuen Zeitung«. Dazu muß erklärt werden, daß zu den wenigen großen Gebäuden, die nicht total zerbombt waren, das Haus, in dem früher »Der Völkische Beobachter«, Hitlers Nazi-Partei-Organ, produziert wurde, gehörte. Da sämtliche Maschinen in der Druckerei noch intakt waren, brachten dort die Amerikaner ihre »Neue Zeitung« unter, weswegen ihr Format die gleiche Größe wie die des Naziblattes hatte. Ein Jahr nach dem Krieg wurde dann dort eine Kantine eröffnet, in die außer Amerikanern, unsern Besatzungssoldaten, auch »gewöhnliche Sterbliche« durften. Es gab eine kleine »Bühne« und eine Tanzfläche und ab und zu gab es Gastspiele von irgendeinem Kabarett – einmal auch von der Schaubude, allerdings nur mit einigen Nummern des Programms.

[München], Montag vorm., 29.7.46

Mutti, geliebtes,

sorge Dich nicht mehr um mich. Ich lag gestern bis in den Nachmittag, dann getingelt,[1] von 8 bis halb 3 nachts in der neuen Kantine der Neuen Zeitung. Wir wurden von den Bayern wie Eindringlinge kalt angeglotzt, für unsere Vorträge, die nach London übertragen wurden, bestand nicht viel Interesse, die Pärchen wollten tanzen, eine echt bayerische Jazzband blökte auf verstimmten Saxofonen; wir kamen erst gegen 11 Uhr dran. Rudi Sch.'s Desorganisationstalent hat sich wieder schlagend bewiesen: Es mußte erst noch ein Auto um Goldkind Inge geschickt werden, damit sie, wie Ursula auch zweimal auftreten kann! Das verzögerte den Beginn fürchterlich in eine vorgeschrittene Müdigkeit und unerträglich heiße Stickluft. Ich war ganz gut als »Österreicher«, aber keine Nummer hatte solchen Erfolg wie bei uns aus den angeführten Gründen.

Wallenberg[2] starb mehrere Tode bei Hellmuth Krügers Conferencen, und der Erfolg des Abends war das gänzliche Verbot des Marschliedes, das den vielen Amerikanern wegen des Wortes »Memel« und des Marschierens halber unerträglich schien. Der Oberst, MacMahon, war nett, Walter Behr wie immer reizend, Wallenberg auch.

Ich sprach lange mit Erich: Aus Salzburg wird nichts: Keine Einreiseerlaubnis.

Wie seid Ihr heimgekommen? Seid Ihr etwa ins Gewitter geraten?

Der Montag begann mit 100.- RM Honorar vom »Karussell«. Daraufhin hab ich jetzt das »Ballett« im Bett soeben fertiggeschrieben.

---

[1] Nicki mußte täglich in der Schaubude, die um 17 Uhr begann, die Chansons am Flügel begleiten; an diesem Tag sprang er aber anschließend noch in der Kantine der »Neuen Zeitung« als »dritter Jodler« in seinem Terzett »O du mein Österreich« ein.
[1] Hans Wallenberg, als Nachfolger von Hans Habe Chefredakteur der »Neuen Zeitung«.

Die Brotmarken vergaß ich Dir zu geben. Du bekommst sie hiermit.
So viel als Montagspost an meine beiden Geliebten.
Ach, bin ich Euch gut!

Euer N.

Im August dieses Jahres muß Nicki wohl bei uns in Lenggries gewesen sein, denn es gibt keine Briefe. Sie beginnen erst wieder Anfang September aus dem möblierten Zimmer in der Gewürzmühlstraße, wo Nicki nach wie vor von Besuchern in unglaublicher Zahl heimgesucht wurde, meistens von Leuten, die hofften, durch ihn eine Stellung vermittelt zu bekommen, sei es am Theater oder an der Zeitung. Diese überfallartigen Besuche erklären sich aus der Tatsache, daß es damals noch keine privaten Telefonanschlüsse gab und sich Gäste somit vorher nicht anmelden konnten. Dabei komponierte Nicki neue Chansons, mußte für die Zeitung Opernaufführungen und Konzerte besuchen, um Kritiken zu schreiben, und nahm jeden Auftrag, einen Artikel für irgend eine Zeitschrift oder ein Programmheft zu verfassen, an, denn das Honorar aus der Schaubude reichte zum Leben kaum aus. Bei all diesen pausenlosen Tätigkeiten kam natürlich die Suche nach einer Wohnung für uns drei zu kurz, weshalb meine Mutter mit mir im Duett jammerte und Nicki, mit leicht schlechtem Gewissen, unter unseren Vorwürfen litt.
Am 3.9.1946 mußte ich einmal wieder in Begleitung meiner Mutter nach München ins Harlachinger Krankenhaus, um dort meinen Pneumothorax füllen zu lassen. Zwei Tage später beschreibe ich in einem Brief an meinen Vater unsere Heimreise nach Lenggries. Die Schilderung dieser Fahrt gibt ein so typisches Bild jener Nachkriegszustände, daß ich den Brief hier einfüge.

Lenggries, 5.9.1946

Nickilein,
ich sitze beim Frisör. Also vorgestern die Heimfahrt war wüst. Schon am Bahnhof in München hieß es: in Sauerlach alles aussteigen und zu Fuß weitergehen. Wie weit, wußte keiner. Erst dachten wir, das wäre ein Witz. Dann bekamen wirs mit der Angst und wollten lieber zurück zu Dir. Aber dann blieben wir drin. Nette

Leute im Abteil. Es ging dann pünktlich los. Um halb acht waren wir in Sauerlach, wo wir bis 9 Uhr standen. Der Mond kam, man ging auf und ab. Schafsgeduldig. Mir tat schon alles weh vom Sitzen. Dann gings um 9 Uhr weiter, noch eine halbe Stunde, oder auch weniger. Inzwischen war der Gegenzug durch, der doch schon um 8 Uhr in München sein sollte! Und wir hörten, daß wir anderthalb Kilometer laufen müßten. Also wirklich. Freies Feld. Mondschein. Feuerschein. Irgendein Zug war auf die alten, ausgebrannten Wagen, die da immer stehen und nun endlich abtransportiert werden sollten, raufgesaust. Na. Da lag der Kram magisch von einem Feuer erleuchtet. Männer mit Fackeln stiegen durch die Gerippe der Wagen, durch die der grüne Mond sah. Ich hetzte die Mutti in 20 Minuten durch die Nacht bis zu dem Platz, wo wir auf den Zug, der uns von der anderen Seite holen sollte, warten mußten. Immer holprig über frisch gemähte Wiesen, die nach Heu rochen. Wie diese Strecke die vielen Einbeinigen[1] zurückgelegt haben, weiß ich nicht. Gut, daß wir kein Gepäck hatten. Ich hatte eine teuflische Energie. Dann kam der Zug, oben auf dem Damm, der schräg nach unten, wo wir standen, abfiel. Das unterste Trittbrett reichte mir gerade bis zur Schulter. Hoch das Bein, halber Spagat, und ruff. Katja, die wie eine Fliege unten klebte, zerrte ich hoch. Dann sagte ich einer Frau, sie solle mal gefälligst zur Seite rücken. Das tat sie, und so hatten wir noch zwei Plätze für uns ergattert. Stockzappenduster. Kinder plärren. Alles durcheinander. Es geht los. Bis Holzkirchen. Umsteigen. Treppen runter und rauf. Ich dachte, in meinem Pneu zerreißt was. Dann in einen vollen Zug. Auch das noch. Es roch nach Äpfeln. Alles fraß. Bauern mit Körben und Rucksäcken voll Obst saßen da. Neben mir auch so ein Weib, welches ich erst anpfiff, ehe es rückte. Nicki, ich war wie ein Löwe und die Mutti wie ein Hase. Zwischen meinen Beinen stand ein Korb mit Äpfeln. Wir sahen uns bloß an, Katja saß mir gegenüber. Eine Hand sah ich nach dem Korb tasten – natürlich nicht meine!

Pech. Die Äpfel waren in einem Netz. Die beiden ausgefressenen Bauernweiber schliefen. Es gibt heute keine Hindernisse mehr. Auch ein engmaschiges Netz wird der Macht der Unmoral weichen. Die Hand kramte unter dem Netz – einen Apfel. Der war dann in Sicherheit gebracht. Wir platzten fast vor Lachen. Die Weiber erwach-

---

[1] Für die Kriegsversehrten mit abgeschossenen Beinen gab es damals noch keine Prothesen. Sie gingen an Holzkrücken, die bis unter die Achseln reichten.

ten. Schliefen wieder ein. Es war ja finster. Eine Birne mußte auch noch dran glauben. Die Weiber stiegen aus. Später wir. Da war es dreiviertel zwölf! Eine halbe Stunde danach standen wir dann endlich vor dem Haus. Völlig erledigt. Das war meine Füllreise. Wenn das die Lungenfürsorge erführe, stellten sie mir wohl ein Auto – ?

Eben bemerke ich: Mir ist die Seife, die ich hier her[1] mitbringen mußte, in meine Handtasche ausgelaufen. Darum Schluß.

Kuß. Dax.

[München,] Samstag, 7.9.46

Meine Lieben!
Heute abends bei Eva L'Arronge[2] geladen. Morgen, Sonntag, muß ich die Ursula Herking begleiten, Matinée zugunsten der durch die Nürnberger Gesetze Betroffenen. Nachmittag 3 Uhr Konzert in der Aula. Bissel viel. ... Gestern großen Artikel nach Stuttgart abgeliefert. Von H. v. Graeve zum Essen geladen, wo ich auf seiner Maschine tippte.

... Hermann Hesse schreibt, ich soll bei der Neuen Zeitung vorstellig werden wegen des abgedruckten Briefes.

Ich bin völlig desparat wegen der Wohnung. Denn ich bin, wie immer das Persönliche hinter dem Beruflichen zurückstellend, zu spät hingegangen. Du kannst mich ruhig töten, es wäre mir eine Wohltat und für Euch auch das Beste.

Letzter Gruß!

Dein trauriger Trottel

[München,] 8.9.46, abends 10 Uhr

Innigsten Dank für das Sonntagsmorgenküssel. Ich wollte Dir nur sagen, daß ich morgen abends die Enderle abhole, wir sind nach 20 Uhr zu Wallenberg zum Kaffee geladen. Bin ja gespannt! – Aus der Eckstein-Kritik über Kaminski-Marc ist auf meine Veranlassung

---

[1] Damals mußte man zum Frisör seine eigene Seife mitbringen.
[2] Eva L'Arronge, Schauspielerin, Cousine meiner Mutter, war mit einem Baulöwen Dr. Franz Höhn verheiratet, der beste Beziehungen zu Schwarzhändlern hatte. Ein Ei kostete damals 10.- Mark, was dem Baulöwen zu zahlen nicht schwer fiel. Bei dieser Eva wurde Nicki immer häufiger eingeladen und liebevoll gepäppelt.

ein großer Teil gestrichen worden. Eine Frechheit von dem Kunstkritiker, über Musik zu schreiben, wo er es gar nicht gehört hat!!!

Der Abend gestern bei Eva war reizend, zwölf Personen, darunter ein General von Witzleben samt Frau und Tochter, die 1929–33 in Breslau waren, ein Vetter des gehängten Feldmarschalls; ein ungarischer Leutnant, der bei ihm im Hause wohl mehr oder weniger als Diener lebt; Essen und Trinken friedensmäßig. Als ich um 1 Uhr nachts gehen wollte, weil ich doch heute die Matinée hatte, neue Tafel: Kartoffelsalat, Wurstbrote und Bier. Also doll! Sehr nett unterhalten, ich der »Salonlöwe« – ein sehr zahmer Löwe … Eva samt Mann und Sohn hingerissen von Dagis Gedichten, sie wurden gleich abgeschrieben und an ihre Mutter in die USA geschickt.[1]

Matinée: drei Conferenciers, Ralph Maria Siegel sang, Ursula hatte den größten Erfolg; Tänzerinnen; Axel v. Ambesser las Kästner. Brachte mir 20 Zigaretten ein.[2] Nachmittag Konzert mäßig.

Wegen Essen sorg Dich nicht. Heute ließ ich mir Kartoffeln zurechtmachen, die ich mir nach der Matinée briet. Dazu Rühreier aus Pulver und saure Gurken – janz jroß. Auch gestern kochte ich: Hörnchen. Ich hab jetzt genug hier: Erbsen, Nudeln, Grieß, Fleisch und Fischel in Büchsen.

Morgen geh ich aufs Wohnungsamt.

Ich küsse Euch beide in Gedanken.

Innigst! Euer N.

[München,] 13. 9. 46

Liebstes!

In der Pension ist am Dienstag nichts frei, aber Ihr könnt bei Eva L'Arronge schlafen. Ich war heute bei ihr und brachte ihr Kaffee, sie wurde ganz böse, daß ich ihr Angebot mit dem Übernachten nicht annehmen wollte. Ich weigerte mich, wieder zum Mittagessen zu bleiben, da schenkte sie mir 200 g Fleischmarken. Butter, mein Schatz, hat kein Mensch mehr, also greine nicht, als ob ich der Einzige wäre.

---

[1] Dort erschienen sie einige Zeit später in New York im deutschsprachigen »Staats-Herold«.

[2] Es gab kein Honorar, aber 20 Zigaretten, die von Nicki, der nur sehr selten rauchte, meistens verschenkt oder auch mal in Lebensmittel eingetauscht wurden.

In der Schaubude großer telefonischer Krach zwischen Schmidt [dem Geschäftsführer] und Schündler, der, da er den Rückfahrttermin verfallen ließ, jetzt scheinbar nicht gleich kommen kann. Schmidt hat Axel von Ambesser als Regisseur verpflichtet, aber es ist ja noch zu wenig [an Texten] da, und Bum Krüger und [Sepp] Nigg gehen ab, weil sie nicht reengagiert wurden – verbummelt, jeder hat ab 1. Oktober etwas anderes! Gut werden wir ausschaun ohne Komiker! [Walter] Kiaulehn soll eventuell konferieren. Osthoff hat sich über Rudi Sch. sehr abfällig geäußert, der ihn rausbeißen wollte.

Gestern um 21.15 Uhr hörte ich BBC London: »Drei Männer und ein Ziegelstein«, das »Marschlied 1945« und die »Zonenreise«, Aufnahmen aus [der Kantine] der Neuen Zeitung.

Lebt wohl, ich küsse Euch tausend mal!

Euer Edi

Hier folgt einer der wenigen Briefe meiner Mutter, die erhalten blieben. Daraus ist zu ersehen, wie völlig anders unser Leben in Lenggries verlief: Da kämpften wir um die Zuteilung eines Topfes oder Kaffeesiebes, Gegenstände, die man ja nicht einfach kaufen konnte, sondern nur unter bestimmten Voraussetzungen zugesprochen bekam, z.B. als Flüchtling oder als »vom Naziregime Verfolgter«. Es lag uns sehr daran, endlich wieder so etwas wie einen eigenen Haushalt zusammen zu bekommen. Und weil es in Lenggries nur wenige Geschäfte gab, mußten wir wegen manchem nach Tölz fahren: in einem Lastwagen, den man »Bus« nannte und der mit Holzgas betrieben wurde, bei Steigungen allerdings meistens versagte und dann von den Fahrgästen mit ermunterndem Gejohle bergauf geschoben werden mußte; ein Ofenrohr als Auspuff auf dem Dach. Sehr alte Leute und ich mit meiner Tuberkulose und dem Pneumothorax durften sitzen bleiben und sich mit schlechtem Gewissen schieben lassen.

Lenggries, am 13.9.46

Mein Einziges!
Nur schnell ein kleines Sonntagsfrühstück für meinen Hungerkünstler. Leider nichts Fettiges, aber da hab ich selber nischt. Stieg gestern wegen des Topfes in Tölz aus: Ohne Flüchtlingspaß darf

Herr Bauer nichts abgeben, oder braucht die Extraerlaubnis des Flüchtlingskommissars! Also die ganze Fahrt vergeblich. In einem anderen Geschäft war mir ein Kaffeesieb zugesprochen. Ich bekam es ohne weiteres. Also was soll das? Ach ich war wütend. In einem überfüllten Bus mit Verspätung endlich hier gelandet. Dagi »überarbeitet«. Aber nicht von wegen Haushalt; sie macht sich aus ihrem alten Wintermantel ein Kleid und da hat sie mal wieder mächtig übertrieben. Ich kann sie eben doch nicht allein lassen.

Heute um halb sieben aufgestanden und runter [ins Dorf] wegen Schuhbezugschein. Anderthalb Stunden gestanden, dann a b g e - l e h n t , weil Dagmar schon einen Schein eingereicht hat und es pro Familie nur e i n e n Schein gibt. Ich hätte bald geheult. Ich solle es im Oktober versuchen!

Das Kätzel und ich küssen Dich in größter Liebe.

Es sorgt sich sehr um Dich

                                        Dein Sorgenmuttel

Liebes!
Ein Nachtrag: Brennstoffschein für Untermieter werden verteilt. Einschreibung beim Kohlenhandel bis 28. September 1946.

Suchdienst für Heimkehrer[1] Südwestfunk. Kann da Friedrich Bischoff nicht helfen wegen Anselm? Auch soll es bei den Oberbürgermeistern Listen der Gefallenen von 1944/45 geben von *allen* Kriegsschauplätzen. Sie sollen zur Einsicht ausliegen. Kannst Du Dich mal erkundigen?

                                              [München,] 14. 9. 46

Liebes Gutes!
Ich danke Dir innigst für Dein Päckchen![2] Welche herrliche Überraschung! Euren Käse gibst Du mir! Tausend Dank!

---

[1] Nachdem die Wehrmacht am 3.3.1945 meinen Bruder Anselm als vermißt registrierte, was wir damals aber noch nicht erfahren hatten, haben wir nie mehr etwas über sein Schicksal vernommen. Da aber immer wieder das Wunder geschah, daß ein Vermißter sich doch noch irgendwie durchschlagen konnte oder in russische Gefangenschaft geraten war und schließlich heimkehrte, gaben wir die Hoffnung, ihn wiederzusehen, jahrelang nicht auf.

[2] Wir kannten in Lenggries ein sehr hilfreiches Geschwisterpaar Pollak, das bei der amerikanischen Behörde in Lenggries arbeitete und immer

Morgen um 2 Uhr bei Claire Waldoff im »Grünen Würfel« und nach ihrer Vorstellung bei ihr zum Kaffee. Ich traf sie gestern abend im Radio, wohin ich zu einer schlechten Kabarettaufführung geladen war. Sie war ganz goldig. Rudi [Schündler] hat mir ein Kästnerchanson geschickt und will am 18. wiederkommen. Ursula spannt ab Mittwoch aus. Ich probe heute schon mit Erika Helmke, die leicht lernt.
Brennstoff hab ich angemeldet. Kochte mir heute Nudelsuppe, danach Dein Käse, Kaffee, Gebäck, Schokolade – es leben die Pakete aus England und Amerika! Dabei einen langen Artikel für das »Münchner Tagebuch«[2] geschrieben.
Lebt wohl, Kuß Kuß!

Euer Nicki

Im »Münchner Tagebuch« vom 5.10.1946 schrieb Edmund Nick über Ursula Herking:

Die Eroberung Münchens durch Ursula Herking hat zweimal fünf Minuten gedauert. Nach dem »Marschlied 1945« und der Parodie »The singing star« wußten die Besucher der »Schaubuden«-Premiere, daß sie die stärkste Kabarettbegabung, die jetzt in München zu sehen ist, kennengelernt hatten, und sie sagten sich, daß es auch in den anderen Zonen Deutschlands nur wenige solcher Künstlerinnen geben könne.
Also wäre Ursula Herking ein Kabarettstar? Oh Freunde, nicht dieses Wort! Es schmeckt nach mondäner Aufmachung, nach schändlich viel Trara, nach Feilschen um Riesengagen und erpresserischen Verhandlungen wegen größerer Lettern auf den Plakaten, kurz, nach »Angabe«. Nein, am Startum liegt ihr nichts. Aber sie leugnet nicht, daß sie eine Künstlerin werden wollte.

> die Möglichkeit hatte, nach München zu fahren; beide fungierten für uns oft als Kuriere, versorgten uns gelegentlich auch mit Kartoffeln aus der Besatzungskantine. In dem oben geschilderten Fall haben sie wohl eines der ersten Päckchen, die wir aus dem Ausland erhielten, dem Nicki auf seine Bude gebracht.
>
> [2] Das »Münchner Tagebuch«, herausgegeben von Dr. Hans Joachim Sperr, erschien zweimal im Monat und brachte »Glossen, Kritik, Feuilleton, Zeit- und Kulturgeschichte« auf hohem Niveau. Wahrscheinlich handelte es sich bei dem Artikel um jenen über Ursula Herking, den ich hier einfüge.

Einen Zweifel über ihre künftige Zugehörigkeit zum Theater hat es schon als Kind für sie nie gegeben. Auch für ihre Eltern nicht, die zur Zeit, als Ursula zur Welt kam, am Dessauer Hoftheater wirkten, der Vater als Komiker, die Mutter als Opernsängerin. Der frühe Tod der Mutter, die im Brand des Dessauer Nationaltheaters ihr Leben ließ, hat auf ihre Jugend tiefe Schatten geworfen. Als ganz junges Ding vertauschte sie dann die Weimarer Mädchenschule mit der Berliner Schauspielschule. Jessner und Lucie Höflich wurden ihre Lehrer. Und dann begann ihre Bühnenlaufbahn. Kleine Rollen in Dessau, noch kleinere in Berlin, Edelkomparserie, aber immerhin am Staatstheater. Sie muß sich allein durchschlagen, denn schon lebt auch der Vater nicht mehr. Jeden freien Abend bringt sie in der »Katakombe« zu. Von Rudolf Platte kann man lernen, wie man ein Chanson bringen muß, daß es »ankommt«. Bevor sie zum Kabarett gehört, ist sie seiner Atmosphäre verfallen. Die geborene Komödiantin. Sie versucht sich in einem Kurfürstendamm-Kaffee im »Tingeln«. Schon trägt sie Chansons vor, als ob sie nie etwas anderes gemacht hätte. Die Vis comica des Vaters hat sich in ihr mit der Musikalität und der sonoren Stimme der Mutter vereinigt. Ein paar Wochen später steht sie auf dem Bühnchen der »Katakombe«. Wenn sie nur gute Texte hätte! Aber die sind selten. Da schreibt sie sich selber ein Gedicht, ein bittersüßes, das unter Tränen lächelt, »Guten Abend, Ursula!« Sie trägt es vor. Hinreißend schlicht. Mit ihrer Natürlichkeit und Herzenswärme. Es wird ihr erster großer Erfolg.

Wenn Werner Finck in der »Katakombe« konferierte, brauchte er immer nur halbe Sätze. Man wußte, was gemeint war. Fincks Pausen waren seine Pointen. In diese Pausen krachten Beifall und Gelächter. Das wiederum war Fincks Verderb. Das Dritte Reich sah sich unterminiert durch die »Katakombe«. Einmal kam Benno von Arent, der »Reichsbühnenbildner«, hinein und hörte zu. Danach spielten wir nur noch einen Abend. Einige saßen daraufhin im Konzentrationslager, die anderen auf der Straße. Wir machten ein neues Kabarett auf, den »Tatzelwurm«. Aber die Braunen haßten das Lachen, sie kannten nur blutigen, allzu blutigen Ernst. Bevor das großdeutsche Reich an seiner eigenen Humorlosigkeit zugrunde ging, war der »Tatzelwurm« verendet.

Doch da war Ursula Herking schon zum Film geholt worden. Komische Leute, diese Regisseure und Produktionsleiter! Haben sie keine Augen im Kopf? Nein, sie wollen hübsche Larven, Allerweltsschönheiten, nur keine Menschen. Ursula spielt lange Zeit kleine Rollen an der Peripherie der Filmhandlung. Aber da sich das Publikum ihr Gesicht besser merkt als die glatten Masken der prominenten Diven, setzt sie sich gegen die Ignoranz der Leiter allmählich durch.

Zehn Jahre eingespannt zwischen das Ende der »Katakombe« im Mai 1935 und das Ende des Dritten Reiches im Mai 1945, bedeutet für die Herking künstlerisches Reifen durch unermüdliche Arbeit: Theater, Film, zwischendurch Heirat, Rundfunk, Geburt zweier Kinder, Flucht aus ausgebombten Heimen in neue, die zertrümmert werden, Tourneen, und immer wieder Film. Sie ist gerade zu Aufnahmen in Prag, als den Tschechen die Stunde der Befreiung schlägt. Da entschließt sie sich sofort zu einer Fußwanderung durch den Böhmerwald. In Bayern weiß sie ihre Kinder in Sicherheit. In Sicherheit? Als sie nach Deggendorf kommt, findet sie ihr Asyl von einer Bombe am letzten Kriegstage niedergebrannt. Die Kinder und sonst gar nichts sind gerettet. Was tun? Sie spricht gut Englisch, sie kann bei den Amerikanern dolmetschen, sie kann bei Shows konferieren. Sie spielt auch wieder Theater, in kleinen Nestern vor bayerischen Bauern.

Im April 1946 ist endlich der Bau der »Schaubude« fertig. Ursula Herking tritt auf, müden Schrittes, mit Rucksack und Köfferchen, und singt:

»In den letzten dreißig Wochen
zog ich sehr durch Wald und Feld,
und mein Hemd ist so durchbrochen,
daß mans kaum für möglich hält!«

Und:

»Wenn die andern leben müßten,
wie es uns sechs Jahr geschah –
Doch wir wollen uns nicht brüsten,
dazu ist die Brust nicht da!«

Sie preist sich glücklich, den Kopf noch fest auf dem Hals zu haben. Und da sie auch das Herz auf dem rechten Fleck hat, ist sie das Richtige für München. Bevor München die »Hauptstadt der Bewegung« wurde, war es auch die Stadt des deutschen Kabaretts. Es ist auf dem besten Wege, diese Stellung zurückzugewinnen. Ursula Herking kann dazu viel beitragen!

Nun begann die Zeit, in der wir alle paar Wochen ein Paket aus Amerika erhielten, vorerst noch nicht jene genormten CARE-Pakete, sondern ganz individuell zusammengestellte unserer ausgewanderten Freunde und Verwandten. Schon am 18.9.1946 berichtet mein Vater über ein kleineres Päckchen aus England, wo die Schwestern meiner Mutter lebten, die etwas Unterwäsche für mich schickten und diverse Büchsen mit Sardinen, Corned beef, Suppenextrakt und Vitamintabletten, alles Dinge, die wir lange nicht mehr gesehen hatten. So sehr wir uns darüber freuten – so schwer war es aber oftmals auch, sie vom Paketzollamt heimzuschleppen. Denn Auslandspakete wurden nicht zugestellt wie Briefe!

[München,] 24.9.46

Geliebten!
Ich sitze bei »Tante Lüschen« und warte aufs Essen.[1] War anderthalb Stunden unterwegs zum Paketpostamt, weit hinter dem Hauptbahnhof, und zurück.[2] ... Rudi Schündler hat uns anderthalb Stunden warten lassen, völlig undiszipliniert.

Der Vormittag war hin. Nachmittag zur Ärztin.

Telegramm von einer schlesischen Sängerin Claire Frühling, ob ich sie am 12.10. in Ansbach begleiten will. Dazu hab ich keine Zeit, da werden gerade Probentage sein.

Bei Claire Waldoff war ich noch vor Tisch. War goldig.

Im »Münchner Tagebuch« zwei Sachen von mir erschienen.

Jetzt wieder daheim: von Rudi Schündler stak ein Zettel an der Tür. Er hat ein schlechtes Gewissen.

Seid umarmt.

Euer N.

[München,] 28.9. [1946]

Geliebtes!
Habe soeben für Osthoffs Literarisches Kabarett, 3. Folge, einen Ar-

---

[1] »Tante Lüschen« war ein kleines Lokal in Schaubudennähe, wo Nicki manchmal zu Mittag aß.
[2] Hier zählt er dann alles auf, was in dem Paket von Max Dehn enthalten war: nicht bloß Eßbares, sondern auch eine Knickerbockerhose, über die er sich besonders freute.

tikel ausgeschwitzt. [»Die Musik im Kabarett«] Schlecht. Bin ganz erschöpft davon.

War gestern mit Eva L'Arronge im Konzert bei Rosbaud, stinklangweilige neue Sachen von lebenden Komponisten aus Bayern, ein Gespensterreigen. Nachher bei ihr zum Essen. Vorgestern besuchte mich eine Dame, die meinen Rat in einer Sache wegen der von dem Dirigenten Oswald Kabasta hinterlassenen Noten, deren Verwaltung sie hat, haben wollte. Die Philharmoniker möchten diese Noten haben; Kabasta hat aber vor seinem Selbstmord [6.2.1946] ein Testament gemacht, in dem er bat, sie zu vernichten. Komplizierte, interessante, aufregende Angelegenheit. Das Vertrauen, dabei herangezogen zu werden, hat mir meine seinerzeitige Kritik mit dem Satz »Oswald Kabasta ist nicht mehr« erworben.

Ich fresse viel. Habe Butter bekommen. Vielleicht kann ich Euch Marken schicken.

Morgen vor- und nachmittag Konzert, dann letzte Vorstellung und nachher »Beisammensein« bei »Tante Lüschen«. Ich liebe Euch innigst; Dagi, hast süß geschrieben. Du mußt gleich einen Text für die Geschwister Höpfner ins Englische übersetzen. Schicke ihn bald.

Küsse!

Euer N.

Nun folgt wieder eine kleine Karte meiner Mutter, in der es natürlich nicht um Kunst und Kultur geht, sondern um unser simples Leben, Überleben:

Tölz, auf dem Bahnhof, am 4.10.46

Liebstes!
Bei Bauer das dritte mal, endlich einen riesengroßen Topf und einen Tiegel bekommen. Er wollte mich wieder wegschicken, aber da habe ich gebettelt, denn ich hatte vom Wirtschaftsamt extra einen Schein bekommen, daß er mir das geben müsse. Um alles muß man bitten und dann ist es scheußlich. Erhielt einen Hutschein, mußte jedoch den Hut bei einer bestimmten Firma in Lenggries kaufen! Spießiger Deckel. Ich bin ein sehr Matsches, weiß nicht wieso.

Tausend Küssel!

Dein Nichtspringerle

[München,] Montag früh, 7.10.46

Liebe Katzen!
Zuerst der Oberkatze den allerinnigsten Dank für die Käsezuteilung! Ihr werdet sie gewiß entbehren. Und ich habe seit gestern nachmittag, wo Wolfgang Colden erschien, wieder Überfluß. Ich hoffe Euch bald was davon bringen zu können. Für Dagi ein altes Kleid aus Südafrika, Kaffee, Traubenzucker, Vitamine. Wolfgang sah Dagis englische Verse nach, ich lege sie bei, er hat ein paar Korrekturen empfohlen. Ich lasse »slept« auf zwei Töne singen.[1]
Samstag abends bei Eva L'Arronge, wie immer reizend. Tante Käthe war da.[2] Es dauerte bis gegen 2 Uhr nachts.
Mit dem Bruckner-Artikel bin ich fertig. »Heute« bittet mich um ein Interview über Joseph Haas, den Komponisten. Rudi Schündler drängt um Kompositionen. Der Berliner Verleger Dr. v. Görden, dem ich die Operette im Beisein von Gerhard Metzner [der Librettist] vorspielte, drängt um den Klavierauszug, den ich noch revidieren wollte. Alle drängen. Wenn Du Geld brauchst, hol Dir welches. Ich bekam 95.- aus Baden-Baden vom runden Funk und 790.- für die Heidelberger Karussell-Aufführung. Heute und morgen das I. Bruckner-Konzert. Wer geht mit?
Ich grüße Euch in aller Liebe und weine, daß ich Euch so fern sein soll.

Euer N.

Inzwischen liefen die Vorbereitungen für das 3. Programm der Schaubude auf vollen Touren. Einige Schauspieler sprangen ab, andere tauchten unversehens und rettend auf, wie z.B. Karl Schönböck, der seine mangelnde Gesangsleistung durch Charme auszugleichen wußte, und Monika Greving, die nicht ganz unbegabt war. Leider besitze ich vom 3. Schaubudenprogramm, das dann am 25. Oktober startete, nur einen mit Maschine geschriebenen Programmzettel, bei dem zu vermuten ist, daß die Folge der einzelnen

---

[1] Mein angeheirateter Vetter Wolfgang Colden verbesserte meine Übersetzungsarbeiten: Das waren irgendwelche Liedtexte, für irgendwen – ich hab das vergessen.
[2] Tante Käthe Asch, meine Großtante mütterlicherseits, Tochter des Bühnenschriftstellers Adolph L'Arronge; sie überlebte die Nazizeit trotz ihrer jüdischen Abstammung mit Chuzpe, Mut, Geld und Raffinesse.

Nummern später noch umgestellt oder durch neue ergänzt wurde. Am Ende dieses Zettels steht der Satz:

Die SCHAUBUDE sucht dringend für einige ihrer Künstler in der Nähe des Theaters heizbare möblierte Zimmer. Adressen bitte im Büro abzugeben.

Woraus die Nachwelt entnehmen möge, daß es damals keineswegs selbstverständlich war, ein Zimmer, wenn man denn eines ergatterte, heizen zu können. Oft fehlte ein Ofen. Manchmal konnte man mit Geld und Glück auf dem Schwarzmarkt eine Stange Zigaretten erstehen und dafür ein altes Kanonenöfchen besorgen, dessen Abzugsrohr dann, wenn kein Kamin verfügbar war, durch die Hauswand ins Freie geleitet wurde. Oft fehlte auch das Heizmaterial. Selbst auf dem Land, wäldernah wie bei uns in Lenggries, war man abhängig von der Holzzuteilung. Das hieß auch: abhängig, ob wir etwas Warmes essen konnten, denn wenn der Strom für den Elektroherd zu schwach oder überhaupt gesperrt war, mußten wir den Küchenherd feuern. Aber womit? Am 16.10.1946 schrieb meine Mutter an Nicki:

Heute endlich nach 8 vergeblichen Anrufen D. [von der Holzzuteilung] gesprochen. Er kann mir keinen Zentimeter Holz geben, ein neuer Befehl verlangt von ihm für die Amis 3600 Ster Holz! Er weiß nicht, woher er sie nehmen soll. Jede Privatbelieferung muß nun unterbleiben. Ich bin ganz verzweifelt.

M., 10.10.46

Kinder, es geht mir gut. ... Das Chanson für Ursula [»Das Spielzeuglied«] ist schön geworden, sie probt es mit Begeisterung. Das zweite hat einen guten Text von Herbert Witt.

Der Bruckner-Artikel ist ohne eine Silbe Kürzung unverändert heute erschienen. Ich bin darob sehr zufrieden. Ich hatte eine schreckliche Arbeit damit, war wohl auch zu schlecht disponiert. Aber jetzt gefällt er mir selber ...

Meinen Kabarettmusik-Artikel lege ich bei. Dorul von der Heide macht Vignetten dazu. Morgen Metzner-Premiere [in der »Kleinen Komödie«].

Lebt wohl, mit Umarmungen

Euer Nicki

Zum Verständnis des folgenden Briefes: Wolfgang Jaenicke, der Bruder meiner Mutter, noch immer als Staatssekretär für das Flüchtlingswesen im bayerischen Ministerium tätig, hatte am 17. Oktober Geburtstag und mein Vater besuchte ihn in seinem Amt:

[München,] 17.10.46

Meine Beiden,
ich komme so eben von Wolf, den ich wie immer im Kreise vieler Herren und kurz vor der Abfahrt zur Militärregierung beglückwünschte. Auf seinem Tisch Blumen, zwei Bilder, fünf Flaschen Wein und eine Menge Gratulationsadressen mit vielen Unterschriften seines dollen Betriebes. Heute besonders große Aufregung: In der Neuen Zeitung ein Artikel, der ihm sehr die Stellung stärkt, aber den bayerischen Ministern eine reinwürgt. Bei Wolfgang lernte ich zwei maßgebende Herren kennen. Als er weggefahren war, sprach ich sie in der Wohnungsfrage. Sie sagten beide: »Das bringen wir in Ordnung!« Zuerst die Zuzugsgenehmigung für Euch, dann vederemo! Ich gab alles Nötige an.

Gestern abends bei Eva L'Arronge gegessen und mit ihr ein paar Seiten einer Rolle, die sie dem Erich Engel[1] vorsprechen will, durchgenommen. Ich als Regisseur – das Vertrauen solcher ahnungslosen Leute ist ja grenzenlos.

Morgen noch einmal in die »Schöne Helena«, da wird alles umbesetzt sein; übermorgen in »Die verkaufte Braut«. So, jetzt wieder ans Notenschreiben. Für Schönböck muß »Man müßte wieder sechzehn Jahre sein« transponiert werden. Ich muß es selber[2] umschreiben, denn die tiefe Tonart braucht eine andere Begleitung, eine höhere, sonst klingt es nicht. Um halb vier Probe mit der Ursula.

Sag der Dagi: Im Berliner Tagesspiegel war Sonntag ein Gedicht von ihr abgedruckt. Das Exemplar bringt mir noch der Herr Sch.; der Tagesspiegel ist die beste Berliner Zeitung, von den Amis lizenziert, das Honorar wird »eingefroren« sein, da man ja noch kein Geld aus der russischen Zone überweisen kann.

Ich grüße Euch innigst, jeder viele Küsse!

Euer N.

[1] Erich Engel, Intendant der »Münchner Kammerspiele«.
[2] Nicki hatte zwar gelegentlich einen Notenschreiber, der ihm half – es gab ja noch keine Fotokopiermaschinen, um die Noten für alle Beteiligten, Sänger und Pianisten, schnellstens zu vervielfältigen – doch in diesem Fall war ein Notenschreiber nutzlos.

Die nächsten beiden Postkarten von Nicki sind in fliegender Eile geschrieben, daher ohne Anrede; die erste ist an mich adressiert. Die zweite ohne Datum und unsigniert. Vier Tage vor der Premiere waren viele Noten noch nicht geschrieben, es wurde pausenlos geprobt und die Nerven der Mimen und Musiker lagen blank.

[München,] 18. 10. [1946]

Zwischen Manfred Hausmann, Anton Schnack, Ernst Glaeser im »Karussell« Deine »Gotik«, in gotischen Lettern gedruckt, großartig. Ich bin ganz stolz und glücklich und nur froh, daß nicht einer meiner lächerlichen Artikel drin ist. Nächstens wird es heißen: Edmund Nick ist der Vater unserer berühmten Mitarbeiterin Dagmar Nick …

Ich habe mich ins Bett legen müssen mit bissel Fieber, Schwitzen, Zerschlagenheit, Schwäche. Jetzt stehe ich wieder auf. Muß wohl vom Herzen gewesen sein. Aber die Ärztin sagt, das wäre ganz herrlich. Also nicht gleich erbleichen vor Schreck, ich lebe noch und komponiere die schönsten Chansons!!

Seid geküßt von

Eurem N.

Montag [21. 10. 1946]

Freitag Premiere. Zimmer für Euch Liebigstr. 39/I bestellt. Bleibt über den Sonntag.

Rase, fiebere vor Arbeit! Krach, Irrsinn, jetzt auf einmal soll alles fertig sein! Das Chanson der Ursel hat 20 Seiten Klavier! Erwartet keine Post mehr.

Kommt Ihr mit Vormittag- oder Mittagzug? Zimmer bis 6 Uhr reserviert!

»Für Erwachsene verboten«

Gustav Tolle: Bühnenbildentwurf zum neuen Programm der Schaubude

Das dritte Schaubuden-Programm mit dem Titel »Für Erwachsene verboten!« wurde wieder ein großer Erfolg. Hellmuth Krüger hatte dazu wesentlich mehr Texte geliefert als Erich Kästner, der im Feuilleton der »Neuen Zeitung« voll beschäftigt war, und auch von Nicki gab es diesmal nur sechs, vielleicht sieben (?) Nummern. Drei Nummern wurden von Karl von Feilitzsch vertont. Das Bühnenbild sollte, nach Erich Kästners Vorschlag, »antimilitaristisches« Kinderspielzeug zeigen: Schaukelpferde, Papierhelme usw. Doch es war auch ein kleiner Panzer zu sehen. Vor diesem Hintergrund sang Ursula Herking:

Das Spielzeuglied

Text: Erich Kästner
Musik: Edmund Nick

I.
Wer seinem Kind ein Spielzeug schenkt,
weiß vorher, was passiert:
Das Spielzeug ist, bevor man's denkt,
zerlegt und ruiniert.
Der Knabe haut und boxt und schlägt
begeistert darauf ein.
Und wenn's auch sehr viel Mühe macht:
Am Ende, am Ende,
am Ende kriegt er's klein.

Wenn das erledigt wurde, dann
beginnt der zweite Teil:
Der Knabe starrt das Spielzeug an
und wünscht sich's wieder heil!
Jedoch, was man zerbrochen hat,
bleibt läng're Zeit entzwei.
Da hilft kein Wunsch und kein Gebet.
Es hilft auch kein Geschrei.
Die Kleinen brüllen wie am Spieß
und strampeln wie noch nie.
Das Beste wär: Wir legten sie
mal gründlich, mal gründlich,
mal gründlich übers Knie.

Es ist nur so: wir *lieben* sie.
Ihr Schmerz ist unser Schmerz.
Wir legen sie nicht übers Knie.
Wir drücken sie ans Herz.
Wir summen »Hoppe Reiter«,
auf daß ihr Leid verweht.
Ach, wär'n wir doch gescheiter!
Das geht nicht, das geht nicht,
das geht nicht mehr so weiter,
wenn das so weitergeht!

II.
Es steckt ein Kind in jedem Mann.
Ein Spielzeug ist sein Ziel.
Nur, was dabei zustande kommt,
das ist kein Kinderspiel.
Das Glück der Welt ist zart wie Glas
und gar nicht sehr gesund.
Doch wenn die Welt aus Eisen wär, –
die Männer, die Männer,
sie richten sie zugrund!

Wenn das erledigt wurde, dann
beginnt der zweite Teil:
Die Mannswelt starrt ihr Spielzeug an
und wünscht sich's wieder heil!
Jedoch, was man zerbrochen hat,
bleibt läng're Zeit entzwei.
Da hilft kein Wunsch und kein Gebet.
Da hilft auch kein Geschrei.
Und keiner will's gewesen sein,
nicht du, nicht der, nicht die!
Das Beste wär: Wir legten sie
mal gründlich, mal gründlich,
mal gründlich übers Knie.

Es ist nur so: wir *lieben* sie.
Ihr Schmerz ist unser Schmerz.
Wir legen sie nicht übers Knie.
Wir drücken sie ans Herz.
Sie werden nicht gescheiter,
solang ein Rest noch steht …
Diesmal war's ein Gefreiter …
Das geht nicht, das geht nicht,
das geht nicht mehr so weiter,
wenn das so weitergeht!

Zum Verständnis für spätere Generationen: Hitler betonte gerne, er sei im Ersten Weltkrieg nur ein »einfacher Gefreiter« gewesen.
   Das Chanson wurde verlegt im Apollo-Verlag Berlin, 1964, in Edmund Nicks Chanson-Heft »Das Karussell«.

Die Schraube ohne Ende

Text: Hellmuth Krüger
Musik: Edmund Nick

Ich steh schon lang in langen Schlangen an,
so daß ich wochenlang die Marken spare:
das einzige, was ich erlangen kann,
das sind Papiere, Scheine, Formulare!
Ich füllte sechzig Fragebogen aus
und füllte mich mit dickem Aktenstaube,
und kam doch ohne Resultat nach Haus –
dabei fehlt mir nur eine kleine Schraube.
Ich war bei allen Landeswirtschaftsvätern,
beim Magistrat, beim Oberbaubüro,
ich hab voll Demut jedes Amt betreten,
bis ich dann noch betretener entfloh.
Und hielt ich glücklich mich zum Kauf berechtigt,
und hat kein Zweifel länger mich gequält,
daß ich jetzt endlich zum Bezug ermächtigt –
dann hat noch immer ein Papier gefehlt.

    Täubchen, das entflattert ist auf den Friedensschwingen
    laß den Ölzweig, wo er ist, brauchst ihn nicht zu bringen,
    denn er ist nur aus Papier, fällt dem Wind zum Raube,
    aber dankbar wär ich dir, brächtest du die Schraube!

Es schwellen täglich meine Taschen an:
ich hab Papier genug für alle Fälle,
so daß mich gar nichts überraschen kann.
Ich kenn die alten Schrauben jeder Stelle!
Ich drängte mich bis zum Minister vor,
es konnte niemand sich vor mir verschanzen,
ich quetschte mich durch jeden Korridor,
ich kroch selbst in die hintersten Instanzen.
Mich hat ein unerschütterlicher Glaube
an eine neue Zukunft tief beseelt,
ich wollte ja nur eine kleine Schraube,
die mir zu meinem Wiederaufbau fehlt.
Doch immer mußte ich zum Schluß entdecken:
es fehlt zum Kauf ein wichtiges Papier.

Jetzt kann mich diese Frage nicht mehr schrecken –
wem fehlt denn eigentlich die Schraube – hier?

>   Täubchen, das entflattert ist, kannst nicht richtig fliegen,
>   weil du noch so schwächlich bist, 's muß am Futter liegen.
>   Ob dich wohl der Hunger quält, arme Friedenstaube,
>   oder ob auch dir nur fehlt – eine kleine Schraube …

[München,] 31.10.46

Liebstes!
Soeben lernte ich in der Schaubude den Innenminister Seyfried kennen, der für heute abend für sich, Hoegner[1] und einen Gast aus Wien 6 Plätze kaufte und mir zwei Zigaretten schenkte. Komisch? Wenn der wüßte, daß ich Wolfgangs Schwager bin! Morgen Feiertag, Allerseelen, Schaubude geschlossen, gehe ins Verdi-Requiem in die Staatsoper. Zu Mittag zu Eva L'Arronge geladen. Die Müdigkeit lähmt mich, es kommt alles nach. Programm schlägt riesig ein, Herking täglich besser.
    Bleibt mir gut, wie ich Euch!

    Innigst der Eurichte

[München,] 2.11.46

Ihr Geliebten!
Ich war heute wegen der Wohnung bei Dr. Uhsler. Er ist Wolfgangs rechte Hand, der eigentliche Macher im Staatskommissariat, ohne die bei Wolfgang so beliebte Devotheit, geradezu und tatkräftig. Er bat mich, noch 14 Tage Geduld zu haben, da gerade jetzt eine neue Beschlagnahmeaktion[2] im Gange ist. Auch sagte er mir zu, ein Gesuch um Zuerkennung des Flüchtlingspasses günstig zu erledigen, netter Kerl. Dienstag borgt mir Dr. Höhn seine Stenotypistin, da schreibe ich es. Frau Vogl, die Schaubudensekretärin, hat keine Zeit jetzt, da die Rechnungsführung überprüft wird. Rudi [Schündler] ziemlich kleinlaut.

[1] Wilhelm Hoegner, damals Ministerpräsident von Bayern.
[2] Große Villen, die noch einen ausbaufähigen Speicher hatten, wurden vom Wohnungsamt für Flüchtlinge beschlagnahmt.

Die Kritik in der Südd[eutschen] Ztg. erscheint mir sehr berechtigt, wenn sie auch das Positive hätte mehr loben können; auch meine ich, daß das 3. Programm mindestens so gut ist wie die beiden früheren.
 Daß mir der Innenminister zwei Zigaretten in die Hand drückte, ist komisch gewesen! Hoegner hat sehr gelacht, als er es erblickte.
 Für Dachs[1] habe ich drei »Karusselle« gekauft. Werden noch mehr gebraucht?
 ... Konstanz telegrafiert zum zweiten mal wegen dem »Kleinen Hofkonzert« – ich habe noch keinen Klavierauszug. Habe an Fritz[2] geschrieben.
 Sonntag nachmittag Bruckner Konzert. Muß nun wütend meine Kritiken schreiben fürs Münchner Tagebuch, die Neue Zeitung etc. Das Joseph-Haas-Interview macht mir auch Sorgen. Was soll ich bloß zuerst machen! Ich schreibe Euch diesen Gruß –:
 Guten Sonntag!
                                                        Allerinnigst Euer N.

M., 15.11.46
Meine Goldigen!
Nur schnell einen Gruß für den Sonntag. Ich danke innigst für die Wurst und lege die entsprechende Markenzahl bei. Ich bin fleischlich gut dran gewesen diese Woche und zehre noch immer vom Vorrat.
 Nachmittag gehe ich mit Herbert Fries[3] in die III. Bruckner.
 Auch kam heute die Kiste mit Büchern und Noten.[4] Leider nicht die ersehnten Orchesterstimmen des »Kleinen Hofkonzerts«. Nun

[1] In der Schule nannte man mich oftmals Dachs; mit »Karussell« ist das Literaturheft gemeint, in dem mein Gedicht »Gotik« stand.
[2] An Fritz Nick, den Bruder meines Vaters in Nürnberg, haben wir vor Kriegsende mehrere Kompositionen von Nicki geschickt, in der Hoffnung, daß sie dort keiner Bombe zum Opfer fallen mögen. Tatsächlich haben wir auf diese Weise viele Noten gerettet, die dann wieder an uns zurück gelangten. Wahrscheinlich war auch ein Klavierauszug vom »Kleinen Hofkonzert« dabei.
[3] Herbert Fries, Sohn der Eva L'Arronge aus deren erster Ehe, war ein brillanter Pianist, auch ein guter Komponist.
[4] Nickis Freund Dr. Breuer schickte noch einmal auf »Umwegen« eine Kiste mit unseren Büchern und Noten aus Reichenberg in Böhmen, wo sie noch lagerten.

werde ich mich an diese saure Arbeit setzen müssen und doch nicht bis zum 1. Dezember fertig werden – ich bin recht verzweifelt. Das Zimmer quillt über von Büchern, zumal das Holz gespalten wurde und vom Ofen, den ich das erste mal heizte, herunter mußte.

Osthoff will also seine Revue, von [Hans] Leip und [Max Christian] Feiler, zwei ersten Leuten gedichtet, wahrhaben. Es wird viel Ärger geben, Rudi Schündler darf nicht nach Berlin, zumal die Geschäftsgebarung der Schaubude offenbar wüst aussieht. Heute waren lauter Fürsten und Prinzen in der Vorstellung, v. d. Leien, Öttingen, Prinzessin Elisabeth von Bayern etc.

Der kleine Kocher ist kaputt, mein Schnupfen läuft, Walter Behr war reizend, [Lothar] Brühne war heute bei mir, weil er sein Chanson umändern muß, Ursula kommt morgen um 10 Uhr, um das »Herbstlied« zu lernen, na und so weiter, ein munterer Betrieb. Morgen ist eine kleine Kritik von mir über die Klaviermatinée mit Julian von Karolyi im »Münchner Tagebuch«.

Dagi, dein Ding habe ich 3 mal gelesen. Sehr schön. Aber ich bin zu einem eindeutigen Urteil über seine Verwendungsfähigkeit noch nicht gekommen. Vieles ist herrlich und bildhaft, manches »flächig« und entweder durch Weglassungen oder Retouchen zu ergänzen. Wir sprechen das mal durch. Töte mich nicht gleich und erst recht nicht Dich selber.[1] Auf das Oratorium bin ich sehr begierig.

Lebt wohl, meine besten Stücke Ihr! Viele Umarmungen und Erwarmungen.

Euer N.

40.- RM für Dagi vom »Münchner Tagebuch«.

Das von Nicki in seinem Brief vom 15. November 1946 erwähnte »Herbstlied« hat Ursula Herking vielleicht in einem der nächsten Schaubudenprogramme vorgetragen, weil manchmal eine Nummer, die ein sogenannter »Abstinker« war, aus dem Programm genommen und durch ein anderes Chanson ersetzt wurde. In den von mir geerbten Programmen steht es nicht vermerkt.

Erich Kästner hat später den Wortlaut des Liedes verändert, auch durch weitere Strophen ergänzt und ihm den Titel »Herbst auf der

---

[1] Ich zeigte stets alle meine Machwerke meinem Vater, der sie ebenso behutsam wie unbarmherzig kritisierte; damals arbeitete ich an einem »Oratorium«, das hoffentlich verschwunden ist.

ganzen Linie« verpaßt. Aber der Urtext, den er meinem Vater zum Komponieren gab und der so deutlich aus jener Zeit stammt, in der man hungerte und »den Magen an die Leine« nahm, lautete so:

Herbstlied

Text: Erich Kästner
Musik: Edmund Nick

Nun gibt der Herbst dem Wind die Sporen.
Die bunten Laubgardinen wehn.
Die Straßen ähneln Korridoren,
in denen Türen offen stehn.

Das Jahr vergeht in Monatsraten.
Es ist schon wieder fast vorbei.
Das, was man tut, sind selten Taten.
Das, was man tut, ist Tuerei.

Das Laub verschießt, wird immer gelber,
nimmt Abschied vom Geäst und fällt.
Die Erde dreht sich um sich selber
und außerdem ums liebe Geld.

Ist man denn wirklich nur geboren,
um wie die Jahre zu vergehn?
Die Straßen ähneln Korridoren,
in denen Türen offen stehn.

Es ist, als ob die Sonne scheine.
Sie läßt uns kalt, sie scheint zum Schein.
Man nimmt den Magen an die Leine.
Er knurrt und will gefüttert sein.

Nun regnet's gar, die Wolken weinen,
das Herz steht, wie ein Zimmer, leer.
Es wartet, wartet auf den Einen.
Die Liebe ist schon lange her.

Nun gibt der Herbst dem Wind die Sporen
und galoppiert durch die Alleen.
Die Straßen ähneln Korridoren,
in denen Türen offen stehn.

M., 18.11.46

Meine Katzen!
Ich war heute auf dem Wohnungsamt. Der »Oberrechtsrat« Dr. Langer ist erst Freitag 8.30 Uhr zu sprechen. Dafür bin ich vorgemerkt. Mußte aber wegen Zuzugsgenehmigung noch in die Schule »Blumenstraße«. Bekomme ich auf *ein* Jahr verlängert. Eine Dauergenehmigung gibt es erst, wenn man eine Wohnung hat. Eine Wohnung bekommt man bloß durch Ausbau einer ausbaufähigen. Daraufhin zu Eva L'Arronge. Ich gehe morgen mit ihr zur Bezirksinspektion Bogenhausen, mir die ausbaufähigen Wohnungen nachweisen lassen, dann mit ihm [Höhn] besichtigen. Er war sofort bereit, sie auszubauen, jetzt hätte er noch Leute dazu!! Und wenn unser ganzes Geld oder die Brillanten draufgehen – das muß gemacht werden!

Morgen »Zauberflöte«.

[Lothar] Brühne hat eine Handoperation und kann daher das Chanson der Monika Greving [»Man lernt nie aus«] nicht neu schreiben. Jetzt soll ich es komponieren …[1]

Ursula sagt fortwährend ab, ein konfuses Miststück.[2]

Wie gefallen Euch meine »Klaviergedanken zu Julian von Karolyi« im »Münchner Tagebuch«?

Heute 8 Briefe, darunter 2 Textbücher, sicher Mist, aus Coburg und Memmingen; Schnorrereien wegen Zuzugserlaubnis; Chansons.

Jetzt kommen schon die Bayern in die Vorstellung: größter Applaus bei »Wiedereinführung des bayerischen Dialektes in München«. So schwachsinnig sind die!

Lebt wohl, gute Nacht, mir fallen die Äuglein zu.
Es liebt Euch immer ganz sehr schrecklich

Euer Vati

---

[1] Auf dem provisorischen Programmzettel, den ich besitze, steht als Komponist dieses Chansons noch der Name Lothar Brühne, von Nicki durchgestrichen und mit seinem Namen in seiner Handschrift versehen. Das Wort »neu« läßt darauf schließen, daß Monika Greving eine andere Melodie haben wollte, nachdem es bei der Premiere vielleicht bereits in Brühnes Vertonung gebracht worden war. Nicki komponierte es dann am 1.12.1946, wonach es vermutlich wieder ins 3. Programm eingebaut wurde.

[2] Nicki liebte die Herking, doch ihre Unzuverlässigkeit machte ihn wütend.

München, 1.12.1946

Ihr Lieben!
Gestern rang ich mit Lotte Enderle um [meinen Artikel] »Musik in München«. Kein Platz, trotz bester Absicht. Heute sind Dagys »Heimkehrer« gedruckt. Da will ich gern zurückstehen. Ich opfere Euch meine Neue Zeitung, hebt sie mir gut auf, ja!
Dienstag, Mittwoch, Donnerstag bei Euch! Ich freu mich doll.
Tschüß! Schönen Sonntag!

Euer Guter

[München,] 6.12.46

Kinder!
Ich betrete soeben mein Zimmer: Der Flügel ist abgeholt.
Osthoff hat sagen lassen, die Leute, denen er gehört, eine Frau Prof. Stepp, hätten eine Wohnung. Mir ist das Weinen nahe, vor Wut. Da kann man nichts machen. Woher einen neuen? Das Zimmer ist ganz kahl. Schöne Nikolo-Überraschung.
Die Reise [von Lenggries nach München] war gut. Hier ist es trocken.
Um 4 Uhr kommt der Theaterdirektor, dem soll ich vorspielen. Worauf!! Bin total erledigt. Bleibt mir gut.

Euer N.

M., 7.12.46

Ihr Lieben.
Sorgt Euch nicht von wegen des Fittichs. Ich kriege schon wieder einen, ich habe Himmel und Hölle, Eva L'Arronge und Frau Lüschen, in Bewegung gesetzt. W. brachte ein Paket von L. aus Südafrika, in dem Nudelchen und Schokolade zerbröckelt alles übersät hatten. Die Schoko klaubte ich heraus. Ist schon weg ... Kaffee, Marmelade, getrocknete Früchte, Vitamine, Büchse mit Corned beef, Hummer, Ovaltine. Bitte bedankt Euch.
Fahre also am Mittwoch nach Stuttgart.[1]
Morgen zwei Konzerte und vorher Messe in der Ludwigskirche. Kästner ist in Berlin.
Es geht mir gut, ich liebe Euch.

Euer Schimperle[2]

[1] Nicki sollte über Hindemiths »Mathis der Maler« eine Kritik für die »Neue Zeitung« schreiben.
[2] »Schimperle« ist ein schlesischer Kosename für Kinder.

[München,] 10.12.46

Ihr Lieben!
... Nun schreib ich noch eine Kritik über das Akademie-Jubiläum. Heute Bruckners IV. Morgen im kalten Zug nach Stuttgart. Brr!
Ein Dreck von nassem Schnee hört nicht mehr auf. Zum ver2feln. Immer nasse Fieße.
Zu Mittag aß ich die [südafrikanischen] Eiernudeln als Suppe. Schmeckte ganz komisch süß und war braun, da so viele Schokoladenkrümel drin waren ...
Samstag bin ich zurück.
Nun ade mit tausend Küssen
Eures Alten

Der Anlaß zu Nickis Besuch in Stuttgart muß ein sehr wichtiges Musikereignis gewesen sein, bei dem Hindemiths Oper »Mathis der Maler« aufgeführt wurde und alles, was in der Musikwelt Rang und Namen hatte, anwesend war. Nicki sollte darüber in der »Neuen Zeitung« und später auch im »Münchner Tagebuch« berichten. Es folgen nun im nächsten Brief eine Menge Namen, hinter die ich in Klammern setze, was ich über sie weiß. Bei den sowieso Berühmten steht freilich nichts.

[München,] Samstag abends, 14.12.46

Meine Geliebten!
Also, es war sehr nett, daß ich einmal herauskam. Es waren da:
Friedrich Bischoff, der die völlig zerrüttete Ruth [seine erste Frau, von der er schon lange geschieden war] sechs Wochen bei sich hatte, die in Schlesien und in Lagern viel mitgemacht hatte;
Dr. Fred Hamel [vom Bärenreiter-Verlag Kassel, Herausgeber der Musikzeitschrift »Musica«], der mich noch eine Viertelstunde vor der Abreise hier aufgesucht hat; Carl Orff, Wolfgang Fortner, Karl Marx [Professor an der Musikhochschule Stuttgart], Hermann Karl Ludwig Reutter [Professor für Kompositionslehre, Hochschule Stuttgart], lauter Komponisten.
Dr. Heinrich Strobel [früher Breslau, jetzt Leiter der Musikabteilung des Südwestfunks] mit seiner jüdischen Frau, beide hatten sich in Frankreich verborgen gehalten; Karlheinz Gutheim [Chefdrama-

turg einer Oper in Berlin]; Dr. Strecker von der Edition Schott in Mainz; Gert Ledig und auch Hans-Georg Brenner [Schriftsteller]. Viele Leute sprachen mich an, die ich einmal kannte: Dr. Erich Doflein [Musikwissenschaftler, Musikhochschule Freiburg, früher in Breslau]; die Paula Stein, Harfenistin bei der Schlesischen Philharmonie – ach, ich hab sie schon wieder vergessen. Doflein schwärmte von Deiner jungen Magd! [Meine Mutter sang Hindemiths »Junge Magd«-Lieder bei deren Uraufführung in Breslau und bekam phantastische Kritiken dafür.]

Über mein Quartier im Gästehaus der Stadt und die Abenteuer, wie ich in der Nacht dorthin kam, mündlich. Donnerstagabend bei Hannes Tannert [Intendant am Theater in Baden-Baden, sehr alter Freund von uns], fabelhaft gegessen und Wein getrunken.

Generalprobe war deprimierend, Aufführung machte fast alles gut. Es war ein Kongreß der Musikwelt wie einst in Baden-Baden [am »Südwestfunk« bei Friedrich Bischoff]. Nachher Riesengesellschaft. Nie geschlafen wegen heißer Daunendecke. Jetzt gleich Kritikschreiben. Eine schwere Aufgabe.

Ich werde nicht fertig, Euch alles zu schildern, die gute Hinfahrt, die volle Rückfahrt, aber doch immer sitzend. Das hiesige Wetter ein Regenschneematsch, daß sich eine Sohle meiner Schuhe löste. Eva L'Arronge gab mir ein Paar Treter, die mich retteten. In Stuttgart: beinahe Frühling. Eine herrliche Lage hat diese Stadt. Die Leute noch langsamer als die Bayern.

Für heute dies in Eile und immer großer Liebe. Alle fragen mich, wie ich mit Dagmar Nick verwandt wäre ... Das geht nicht mehr so weiter, wenn das u.s.w.[1]

Hier [in der Schaubude] die Baßgeige geklaut, bei Nacht!
Ich umarme Euch!

Euer N.

[München,] 17.12.46

Meine Lieben!

... Nach langem Grübeln und Feilen habe ich die »Mathis«-Kritik heute abgeliefert, auch einen kleinen Bericht ans »Münchner Tagebuch«. Der Karussell-Verlag sandte mir als Geschenk Briefpapier und 100 Mark! Ich finde das fabelhaft! Nun *muß* ich ja wieder was

---

[1] Zitat, Zeile aus Kästners »Spielzeuglied«.

verfassen! Heute bei der Weihnachtsfeier der Münchner Philharmoniker einen Kalender geschenkt erhalten.[1]

Konstanz darf das »Kleine Hofkonzert« nicht spielen, die Franzosen haben es des Marsches wegen verboten.[2]

Lebe schon in Ferienstimmung. Vielleicht daß ich am 23. bei Euch erscheine. Telefon in der Schaubude kaputt.

Bleibt mir gut. In aller Liebe

Euer N.

[München,] 3.1.47

Ihr Guten!

... Gleich nach dem Frühstück überfiel mich ein Kapellmeister von der Drei-Masken-Bühne wegen dem »Kleinen Hofkonzert«. Gleichzeitig tutete Dr. Höhns Auto: Ich fand einen sehr guten mittelgroßen Bechstein. Morgen soll er gebracht werden. Dann schrieb ich in der Neuen Zeitung bis halb drei für »Heute« [einen Musikbericht] und sprach lange mit Erich. Zum Mittagessen kam ich nicht.

Viele Zentner Liebe mit tausend Knudelküssen

Eures Alten

[München,] 8.1. [1947]

Katja – Dagy –

zwei Pakete von Eva und Lore![3] Heute in Pasing abgeholt bei einer UNRRA[4]-Dame Dr. Pick, die aber nicht da war. Aus dem Inhalt:

---

[1] Papier zu bekommen, war enorm schwierig; die Zeitungen bekamen es abgemessen zugeteilt; daher die Wichtigkeit dieser Nachricht: Briefpapier und sogar ein Kalender!

[2] In Nickis Musikalischem Lustspiel »Das Kleine Hofkonzert«, das in der Biedermeierzeit spielt, gibt es in einer Szene, wo vor dem Schloß die Wache aufzieht, einen kleinen Marsch: das war für die alles kontrollierende Militärbehörde in der französischen Besatzungszone verdächtig, nach dem Motto »Die Deutschen marschieren schon wieder ...«!

[3] Eva und Lore, nach England emigrierte Schwestern meiner Mutter.

[4] UNRRA war eine Hilfsorganisation zur Unterstützung der Flüchtlinge und Verschleppten.

*Schaubude 1946: Programmbesprechung zwischen
Rudolf Schündler (links) und Hellmuth Krüger*

*Schaubude 1946: Ausstattungsbesprechung mit (v. l.) Gustav Tolle,
dem genialen Bühnenbildner, Rudolf Schündler
und der Kostümbildnerin Irmgard Becker, die es fertigbrachte,
aus wenigen Metern Stoff, auf Schwarzmarktwegen organisiert,
die raffiniertesten Gewänder zu zaubern*

etwa 160 Zigaretten, Wäsche für Dagy oder Kati, ein schöner Sweater, den ich schon anhabe, Socken, Seifen, Papier, Couverts, Rasierklingen, Eipulver, Kaffee, Milchpulver, Kakao, Tee, Vitamine, Sardinen, Porc, Zucker in gesammelten Stückchen![1] Kinder, ich fließe über – wohin damit? Ein Paket würde ich schicken, habe aber kein Packpapier!! Das aus England ist zu zerschleddert. Ich hatte fest zu buckeln, zum Glück den Rucksack mit! Schreibt gleich nach England, ich glaube, die haben ihr letztes Geld für uns ausgegeben.

Gestern reizendes Diner mit Frau Müthel[2] bei mir, ich habe gekocht! Und [Rudi] Schündler mit Gerd Fröbe von 10 bis halb 12 nachts bei mir. Ich hab schlecht geschlafen, noch keine Kohlen. Vorstellung jetzt immer um halb sieben.[3]

Seid umhalst, umwunden, umarmt, umbeint,
umgelegt und geknudelt
                                    von Eurem N.

[München,] 11.1.47

Ihr zwei seid ja ganz verstummt! Ich habe gestern einen halben Ster Holz erstanden und heraufgeschafft, eine schweißtreibende Arbeit, die mich sehr erschöpft hat. Abends »Carmen« mit der Altistin Irmgard Barth – ein fürchterliches Weib! Morgen, Sonntag, zwei Konzerte: Bruckner und vormittag französische Komponisten.

Kästner hat Texte geliefert, sehr gut.[4] Komponiere. [Kurt] Heyni-

---

[1] Zucker gab es damals auch in England sehr wenig und nur auf Marken; da haben die Schwestern offenbar im Lokal die zum Tee servierten Stückchen gesammelt. Der Inhalt jener Pakete ist typisch: denn n i c h t s davon konnte man damals in Deutschland kaufen, außer vielleicht auf dem schwarzen Markt; doch Rasierklingen, Seife und Papier waren auch dort nicht zu bekommen.

[2] Marga Müthel, Schauspielerin und Frau des Regisseurs Lothar Müthel, Mutter der bekannteren Schauspielerin Lola Müthel.

[3] Daß die Theatervorstellungen nicht mehr um 17 Uhr begannen, läßt darauf schließen, daß die Ausgangssperre – ab 22 Uhr – die die Amerikaner nach dem Krieg verhängten, inzwischen aufgehoben war.

[4] Texte für das nächste Schaubudenprogramm.

cke[1] bearbeitet »Der Neffe als Onkel«, war heute hier. ... Habe keine Zeit, alles zu schreiben, was ich müßte. Leider auch kein Packpapier, Euch die englischen Pakete zu senden. Probe bereits, Gerd Fröbe und Tschampi [Karl Schönböck] begeistert.
... Fortwährend kommen Leute. So ein Schauspieler Zeiger, der Dagys »Heimkehrer« deklamieren will. Sollte er schreiben: 50 RM fordern. Übrigens 150.- vom Südwestfunk für Dagy an mich gelangt.
Riesenpantschtauwetter, endlose Nässe. Schwer Brot zu kriegen. Morgen letzte Vorstellung.
Guten Sonntag! Tschüß!

Euer N.

Vermutlich vom gleichen Tag, dem 11.1.1947, stammt eine undatierte Nachricht von Rudolf Schündler, die er, mit einigen Kästnertexten und der Ankündigung eines weiteren Chansons für Karl Schönböck, an Nicki schickte. Dabei handelte es sich um »Strohhut im Winter«, ein Text, den Nicki zehn Tage später erhielt und sofort zu komponieren begann. Schündler schrieb in sichtlicher Eile mit Bleistift auf die Rückseite einer Portraitpostkarte, die ihn als »bedeutend« aussehenden jüngeren Filmschauspieler zeigt:

Lieber Nicki, hier haben Sie mich als Filmbeau und den Rest der Ringelspielfiguren. Erich Kästner schreibt bereits am Schönböck-Chanson. Anbei zur kritischen Kenntnisnahme ein weiterer Ambesser-Sketch. Bitte setzen Sie dafür morgen eine Zeit für Barbara Pleyer (als Frauenzimmer) zur Probe bei Ihnen fest.
Allerherzlichst Ihr alter Rudi.

[München,] 19.1.47

Ihr Lieben! Dagy, schicke mir Dein »Barock« fürs »Karussell«. Heute abend war der Nick-Abend im Südwestfunk, den ich nicht hören konnte. Sie hatten mir extra ein Telegramm geschickt! Ge-

---

[1] Heynicke, Schriftsteller, schrieb für »Das Kleine Hofkonzert« das Lied »Einen Sommer lang«; alter Nick-Freund.

stern Feld-Wald-und-Wiesenkonzert. Die Druckfehler im »Münchner Tagebuch« sind haarsträubend. Morgen bei Eva L'Arronge zum Gänsebraten! ... Heute komponiert und geprobt.
Ich umschlinge Euch!

Euer Müdes

[München,] 20.1.47

Meine Besten!
[A.] Dalibor[1] ... schreibt, er spricht Dagy seine »hohe Anerkennung« aus; er hat den Tagesspiegel gelesen. Alle sind begeistert über meine Carmen-Kritik, es wäre die einzig richtige. Ich gehe heute ein drittes mal hinein, da die Nikolaidi aus Wien singt, sie soll großartig sein.

Vor dem 6. Februar dürfte das Schaubudenprogramm nicht steigen, heißt es heute. Mir ist es recht.

Dagy, den Vonficht habe ich telefonisch erreicht. Sein Lektorat hat sich über Dein Opus hergemacht, in acht Tagen würde er sagen, was damit ist.

Milde Wärme, Schnee, brauche nicht zu heizen, so warm!

Viel Liebes von Eurem Scribifax

[München,] 21.1.47

Meine Lieben!
... Die Nikolaidi sang die Carmen großartig. Es ist noch allerhand los diese Woche. Von Erich neuer Text für Tschampi – reizend! Ich habe wenig geschlafen und bin überlaufen von chansonwütigen Fräuleins. Etwas gereizt daher, weil es fortwährend zwei mal läutet.

Grüße Euch beiden. Gott gebe mir Einfälle.

Innigst Euer Joseph

---

[1] A. Dalibor; Nickis Rechtsanwalt in Berlin.

Täglich neue Texte, täglich Proben

*F**ür das 4. Schaubudenprogramm, das erst am 1.3.1947 Premiere hatte, mußte Nicki enorm viele Texte komponieren; allein das »Ringelspiel 1947« besteht aus zehn Chansons. Das bedeutete auch, mit zehn mehr oder weniger eigenwilligen Schauspielern zu proben, was dann ausschließlich in Nickis beheiztem Zimmer stattfand. Herbert Witt schrieb eine Szene mit sechs Einzel- und Ensemblenummern, Hellmuth Krüger lieferte einen Sketch, der vertont werden mußte; für Ursula Herking schrieb Erich Kästner das große »Lied vom Warten« und für Karl Schönböck den »Strohhut im Winter«, zwei Chansons, die einen enormen Erfolg haben sollten.*

[München,] 28.1.47

Ihr Süßen!

... Morgen hole ich ein Paket aus Liechtenstein von Daeschner vom 27.9.46!

Große Kälte, wenig Holz mehr. Täglich neue Texte, täglich Proben.

Hier ein paar Briefe, damit Ihr teilhabt an meinem Leben. Oh, wie fehlt Ihr mir!!

Gestern war ich um halb sechs bei Rothärmels.[1] Er wußte noch nichts von mir und der Operette, ich sagte auch nichts – der Intendant hat nur etwas von zwei neuen Werken zu ihm gesagt.

Staatstheater wegen Kohlenmangel geschlossen.

Heute war eine Frau Testorff bei mir: bietet, gratis geliehen, Gerhart Hauptmanns Steinway an. Ich bin bereit und würde, sobald Frau Hauptmann, die in Ebenhausen im Sanatorium ist, zustimmt, den Bechstein kündigen.[2] Morgen Hindemith-Konzert.

---

[1] Alfons Rothärmel war an der Bayerischen Staatsoperette Bühnenbildner, seine Frau eine hervorragende Sopranistin; damals bestand schon der Plan, daß die Staatsoperette Nickis »Halsband der Königin«, nach dem Libretto von Gerhard Metzner, uraufführt.

[2] Tatsächlich bekamen wir als Leihgabe für die nächsten Jahre Gerhart

Donnerstag bei Scharnagl.¹
Nun einen Gutenachtkuß und viel viel Sehnsüchte und Lieben und Euch haben mögen!

Euer Einsamer

[München,} 29.1.47

Liebstes!
Ich sende Dir morgen zwei Pakete. Das eine, größere, holte ich heute in aller Frühe im Mariahilf-Bunker. Es war ein kalter Weg, kann ich Dir flüstern. Ich habe es nicht aufgemacht, aber außen drauf steht »Swinekogeri«, also dänisches Schweinefleisch, aus Kopenhagen, als Liebesgabe aus der Schweiz von L. aus Südafrika.² Was will man noch! Ich habe es vorsichtshalber nochmals eingehüllt.
In das andere tue ich 4 von den Speisefetten, eins habe ich hier behalten und brauche immer davon. Ein Glas abgefüllten »Goldsyrup«; hoffentlich bleibt es ganz. Eine Zwiebel von Frau Husch. Eine halbe Tube Anchovispaste, sie war aus einem der Colli, ganz zermalmt. Ich aß trockene Brocken Anchovis, die zwischen Grieß und Nudeln herumtrieben, in der Meinung, es wären Rosinen. Sie sahen genau so aus. Dann eine Büchse mit einer Art Kandiszucker. Da ich eine ähnliche Sache, die sich Glucodin nennt, hier habe, möge diese Euch ergötzen. Zwei Mileitüten.³ Und als Clou die Peanutbutter – ich habe etliche Schnitten damit bestrichen, aber ich mache mir ein Gewissen daraus, sie alleine zu vertilgen.
Karte von Fritz: im Radio ist von meiner Uraufführung⁴ gespro-

---

Hauptmanns aus Agnetendorf in Schlesien geretteten Flügel, ein wunderschönes Instrument aus Zitronenholz, das seit über einem Jahr in einem ungeheizten Möbelmagazin stand, wo Hauptmanns Sohn Ivo es nicht verrotten lassen wollte.

[1] Dr. Karl Scharnagl, damals Oberbürgermeister von München.
[2] Unsere nach Südafrika emigrierten Verwandten konnten von dort aus über die Schweiz Liebesgabenpakete bestellen, die wiederum in Dänemark gepackt wurden.
[3] Eine Art Eipulver, glaube ich.
[4] Die Uraufführung der Operette »Das Halsband der Königin« fand dann am 1.12.1948 am Gärtnerplatztheater in München statt.

*Schaubude 1946: Manche Proben fanden bei Gerd Fröbe statt.
Hier: Hanna Seyferth mit Edmund Nick*

*Schaubude 1946: Probe mit einem Teil des Ensembles
(von links) Ursula Herking, Petra Unkel, Hanna Seyferth, Werner Thun,
Herta Saal, Wolfgang Hellmund, Karl Schönböck, Monika Greving
und Edmund Nick am Klavier*

chen worden. Na also, da wäre ja die Katze aus dem Sack! Ich komponiere wie wild.

Meine Couverts sind alle.

Seid umarmt von Eurem Packer

[München,] 12. 2. 47

... Ihr Geliebten!
Um halb zehn kamen die Flügeladjutanten des Spediteurs Wetsch und schwebten mit dem Fittich [Bechsteinflügel] abwärts. Um 12 erschien der Steinway. Goldgelb, sehr schön außen. Spielart durch Quellen des Holzes etwas schwerer; das wird sich geben. Sehr verstimmt. Aber wie neu und etwas kleiner als der Bechstein. Ich hab gleich das Chanson[1] für die Monika Greving fertiggemacht. Sie hatte eben Probe.

Die Fahrt war leer und finster; auch 20 Minuten verspätet.[2] Es ist dunkel, erst um 18 Uhr gibt es wieder Strom.[3]

Ich küsse Euch schrecklich sehr.

Euer Getreuer

[München,] 14. 2. 47

Ihr Guten!
Ich fuhr heute in der Dämmerung nach Pasing zu Dr. Pick. Er, Prager mit richtigem Prager Deutsch, sie aus Berlin, älteres Ehepaar, bekowet[4], liebenswürdig. Für Dagy bekam ich die beiden Schoko-

---

[1] »Ja, das mit der Liebe«, auch »Tangoliedchen« genannt, Text von Erich Kästner

[2] Nicki hatte uns für einige Tage in Lenggries besucht, als ich dort nach einer verpfuschten Blinddarmoperation im Dorfkrankenhaus lag; er brachte ein paar Penicillinampullen mit, die ihm seine amerikanischen Kollegen aus der »Neuen Zeitung« vermittelt hatten, doch wußte man damals in Deutschland nicht, wie dieses Medikament einzusetzen ist.

[3] Wegen Kohlenmangel gab es häufiger Stromsperren, dann fanden die Proben im Theater bei Kerzenlicht statt.

[4] Frau Dr. Pick, die mit den Schwestern meiner Mutter in London freundet war, arbeitete bei der UNRRA: – »bekowet«, jiddisch, meint ehrerbietig.

laden, die hier drin sind; ich etwas Butter. Und dieses Paket, dem ich nur die 20 Zigaretten entnommen habe, auf denen geschrieben steht: Herzlichen Gruß Fritz Pringsheim.[1]
... Ich liebe Euch sehr!!
Immer und ewig Euer N.

Montag, 17. 2. 47

Meine Katja!
Hier nichts Neues. Für Dachs ein paar Tagebücher.[2] Soeben den »Parteifunktionär«[3] fertig gemacht. Ich arbeitete bis tief in die Nacht. ... Habe schreckliches Reißen in den Händen von dem eisigen Flügel in der Schaubude. Es ist kalt, mein Holz schmilzt dahin. Sonst geht mirs gut. Und Euch?
In Liebe küßt Euch
Euer N.

[München,] 19. 2. 47

Ihr Geliebten!
Das war heute ein segensreicher Gang zum Mariahilf-Bunker: Drei Pakete! Ich brachte zwei mit Mühe in den Rucksack, das dritte schleppte ich beschwerlich vor dem Bauch. Durch Schneegestöber.[4]

---

[1] Fritz Pringsheim, weitläufig mit meiner Mutter verwandt, hatte seinerzeit meine Mutter, als sie im heiratsfähigen Alter war, sehr angebetet.

[2] Im »Münchner Tagebuch« vom 15. 2. 1947 stand mein Gedicht »Barock«.

[3] Das war ein Chanson aus dem »Ringelspiel« für das 4. Schaubudenprogramm, das noch immer vorbereitet wurde. Größere Proben fanden nicht in Nickis möbliertem Zimmer statt, sondern in der Schaubude, die ja nicht geheizt war. Nur in der Garderobe für die Damen des Ensembles stand ein kleiner eiserner Ofen, der freilich, wenn es keine Kohlenzuteilung gab, nicht geheizt werden konnte. Da halfen sich dann die Schaubudenmitglieder selber. Wer in einer Ruine noch ein angekohltes Holzstück entdeckte, ließ es möglichst unauffällig »mitgehen«, um das Öfchen damit zu füttern. Ruinen zu beklauen war verboten.

[4] Hier folgt eine lange Aufzählung der Paketinhalte, wobei es sich, dem Gewicht nach zu urteilen, um die ersten »richtigen« CARE-Pakete gehandelt haben mag, die von unseren emigrierten Verwandten und Freunden aus USA abgesandt wurden.

Schaubude, Winter 1946/47: Ursula Herking heizt das Öfchen hinter der Bühne mit »gefundenem« Holz

Gestern abend um halb 11 ging ich noch in die »Klarer Mühle«, wo die Schaubude Fastnacht feierte mit Wein und Weißwürsten. Als der besoffene Kiaulehn, in der Mitte des Lokales auf einem Stuhl stehend, konferieren wollend, lallend einen Steinkrug auf den Stammtisch schleuderte, der mich fast an den Kopf getroffen hätte – er hätte auch Kästner, der neben mir saß, oder die Hanna Seyferth oder sonstwen treffen können – ging ich heim, um einer Keilerei aus dem Wege zu gehen. Kästner wollte ihn zur Raison bringen, da brüllte er den an: Wie reden Sie mit mir! Da war ich aber schon weg. Rudi Schündler wurde abgehalten, Kiaulehn zu ohrfeigen.[1] Tschampi sang dem Hellmuth Krüger das Chanson von der »Schraube« vor, blieb aber hängen, weil er in aller Stille blau geworden war.

Heute den ganzen Tag geprobt.

Innigste, allerinnigste Grüße und Küsse meinen beiden Besten.

Der Nicki

[München,] 25. 2. 47

Ihr Geliebten!

Ich komponiere wie ein besessener Derwisch, den es derwischt hat. Das neue Kästner-Chanson, »Das Lied vom Warten«, für Ursula ist beinahe fertig. Ich bin aber dabei ganz matsch geworden. Es ist das Lied einer Frau, die ihren Mann aus der Gefangenschaft zurückhaben will. Wenn ich noch das Vorspiel hätte, das wie immer zum Schluß drankommt, wäre ich fertig [mit dem Programm]. Da wir erst ab 18 Uhr Licht haben, hat Rudi [Schündler] die Ausrede, Nachtproben zu machen, was ich hasse, denn ich kann bei Tag ja nicht schlafen. [Karl] Schönböck soll den »Strohhut im Winter« machen, die Monika Greving das »Tangolied«.

Ich bin Donnerstag früh um 9 bei Hurrle.

Freitag um 9 im Radio. Frau Back singt »Wunderschön ist es, verliebt zu sein«, »Ein leises Singen« und »Einen Sommer lang«. Und ich muß klaviertigern: meinen »Liebeswalzer«. Mit Interview hoffe ich, die 30 Minuten hinzukriegen. Und das nach der Premiere, todmüde und ausgepumpt!

Eben war S. Foerster vom Südwestfunk hier und holte sich neue Noten. Die kultivieren mich reizend.

Es ist wieder kalt, es schneit überdies.

Seid alle beide an mein Vaterherz gequetscht!

Immer Euer N.

---

[1] Walther Kiaulehn war im besoffenen Zustand immer lebensgefährlich; das hatte sich verstärkt, nachdem man ihn in der Schaubude, wo er das 3. Programm konferiert hatte, nicht mehr weiter beschäftigen wollte. Nun sollte wieder Hellmuth Krüger die Conference übernehmen.

Die Schaubude
THEATER IN DER REITMORSTRASSE
KÜNSTLERISCHE LEITUNG: OTTO OSTHOFF - RUDOLF SCHÜNDLER

Vorwiegend heiter - leichte Niederschläge

von

ERICH KÄSTNER
AXEL V. AMBESSER - HELMUTH KRÜGER - HERBERT WITT
FRANZISKA BILEK - H. M. BACKHAUS - HELMUT PUTZ

Musikalische Leitung: EDMUND NICK
Bühnenbild: GUSTAV TOLLE - Kostüme: IRMGARD BECKER
Programmgestaltung und Inszenierung: RUDOLF SCHÜNDLER

Es konferiert: HELMUTH KRÜGER

I.

MUSIKALISCHER AUFTAKT . . . . EDMUND NICK

1. DIE KLATSCHBASE   *Musik von Hans Ulrich Engelmann*
   Hanna Seyferth

2. GERÜCHTE . . . . HELMUTH KRÜGER
   Barbara Pleyer   Wolfgang Hellmund
   Herta Saal   Karl Schönböck
   Petra Unkel   Fritz Walter

3. EINE GEGEN ALLE . . . . H. M. BACKHAUS
   Ursula Herking

4. SCHÖNE KÜNSTE . . . . HERBERT WITT
                                         Musik von Edmund Nick
   Die Kunst zu überraschen   Barbara Pleyer - Helmuth Krüger
                               Wolfgang Hellmund - Fritz Walter
   Die Kunst zu vergessen   Monika Greving
   Die Kunst der sanften Gewalt Ursula Herking
   Die Kunst der Anrede   Das Ensemble
   Die Kunst einzuschlafen   Karl Schönböck
   Die Kunst Feste zu feiern   Das Ensemble

PAUSE

II.

5. REDE AN DAS XX. JAHRHUNDERT . . . . FRANZISKA BILEK
   Bühnenbild von Franziska Bilek
   Mit freundlicher Genehmigung der Zeitschrift „Der Simpl"
   Herta Saal

6. TANGOLIEDCHEN . . . . ERICH KÄSTNER
   Monika Greving   *Musik von Edmund Nick*

7. STROHHUT IM WINTER . . . . ERICH KÄSTNER
   Karl Schönböck   *Musik von Edmund Nick*

8. RINGELSPIEL 1947 . . . . ERICH KÄSTNER
                                   Musik von Edmund Nick
   Die Flüchtlingsfrau   Herta Saal
   Der Geschäftemacher   Karl Schönböck
   Der Heimkehrer   Fritz Walter
   Das Frauenzimmer   Barbara Pleyer
   Der Funktionär   Helmuth Krüger
   Die arme Jugend   Petra Unkel
   Der Dichter   Otto Osthoff
   Die Halbwüchsige   Monika Greving
   Der Widersacher   Wolfgang Hellmund
   Die Zeit   Ursula Herking

Nach der Premiere des 4. Schaubudenprogramms am 1. März 1947 schrieb Gunter Groll in der »Süddeutschen Zeitung« vom 4. März 1947 unter der Überschrift »Die neue Schaubude oder: was ist Kabarett?« über »die Stunde der Erneuerung«

Die Schaubude, unser bestes Kabarett, hatte eine dieser Stunden bei der Uraufführung von Kästners »Ringelspiel 1947«. Es war ihre bisher beste Leistung: Eine kleine Kantate vom Leben in dieser Zeit, neuartig in der Form und hervorragend inszeniert. Jedes der zehn Gedichte dieses Zyklus hat echten Zeit-Kontakt und knistert vor elektrischer Spannung. Auch im Sentimentalen. Auch in der Aggression. Zehn Typen der Zeit, am Pranger ihrer Erbärmlichkeit oder gebückt unter der Last ihres Elends. Moralisches Kabarett, das sich der Mittel auch des Amoralischen bedient. Diagnose und Warnung. Das dichterische Kabarett erreicht hier seinen höchsten Punkt.

Auf ähnlicher Linie Kästners »Lied vom Warten« – eine sehr menschliche, sehr nötige Demonstration für die Kriegsgefangenen (»Schickt sie endlich heim!«). Ein Abglanz davon sein »Tangoliedchen« mit Reminiszenzen an Brecht und an Marlene-Dietrich-Chansons, mit etwas kandierter Melancholie, aber dennoch, bei einem Nichts an Inhalt, ein kleines atmosphärisches Meisterstück …

Zwei Jahre nach dem Krieg waren noch immer Millionen deutscher Soldaten nicht aus der Gefangenschaft heimgekehrt. Zu den wenigen, die sich in amerikanischen Lagern befanden – ja, auch das gab es noch 1947 – bestand zumindest brieflicher Kontakt. Von jenen, die in russische Kriegsgefangenschaft geraten waren, wußte man nichts. Man wußte nicht einmal, ob sie überhaupt noch am Leben waren. Aber niemand gab die Hoffnung auf, daß sie doch eines Tages heimkehren würden, denn es kamen immer wieder kleinere Gruppen entlassener Kriegsgefangener aus dem Osten, ausgemergelt, krank, erschöpft. Wenn ein solcher Transport über die Grenze nach Westen rollte, erfuhr man das in jeder Stadt, und die Frauen stürzten auf die Bahnhöfe, um die ankommenden Soldaten auszufragen nach den verschwundenen Männern, Vätern, Söhnen.

Erich Kästner hat eine solche Szene in seinem »Lied vom Warten« ergreifend geschildert, und Edmund Nick hat es ebenso ergreifend durchkomponiert: Es besteht nicht aus einzelnen Strophen und man darf es nicht singen, man muß es sprechen. Es verlangt als Interpretin eine Frau, die weiß, worum es geht. Ursula Herking wußte es.

Sie stand vor einem Hintergrundprospekt, der eine Bahnhofshalle suggerierte, und hielt ein an einen Besenstiel montiertes Plakat hoch, auf dem in großen Buchstaben Hans Maier zu lesen war, daneben eine Feldpostnummer und ein kleines Foto. Größere Fotos konnte man nicht anfertigen, weil es dafür kein Papier gab. Hier folgt das Lied in Erich Kästners Urfassung:

Das Lied vom Warten

*Text: Erich Kästner
Musik: Edmund Nick*

Zwei Jahre waren's diesen Mai,
da war der Totentanz vorbei,
da starb das große Sterben.
Wir traten vor das halbe Haus
und sahen nur: Der Krieg ist aus.
Und standen in den Scherben.

Doch auf dem Rest vom Kirchturm sang
die Amsel voller Überschwang,
und der Flieder, der blühte im Garten.
Die Bäume rauschten bis ins Blut.
Die Hoffnung sprach: »Es werde gut!
Geduld, mein Herz, Geduld, mein Herz,
dein bißchen Glück muß warten!«

Zwei Jahre werden es im Mai.
Mein Mann, der ist gefangen.
Er ist gefangen, ich bin frei.
Die Hoffnung ging an uns vorbei.
Die Hoffnung ist vergangen.

(Die Frau hebt das Plakat hoch und ruft laut)

Schaut her, Kameraden meines Mannes.
Wer kann Auskunft geben
über den Gefreiten Hans Maier,
Maier mit a i,
wer kann Auskunft geben über meinen Hans?
Bitte, kommt näher, und lest das Schild.

Ich habe es selber gemalt. Und unten rechts,
das ist er, das ist sein letztes Bild!
War jemand mit ihm im Lager? Wo kommt ihr her?
Aus Rußland? Aus Frankreich? Erkennt ihn wer?
Er ist mein Mann, und ich brauch ihn so sehr.
Lacht mich nicht aus,
oder meinetwegen lacht hinter mir her!

Ich steh und wart,
daß sich das Schicksal meiner erbarme.
Schickt ihn doch heim.
Schickt ihn doch endlich heim in meine Arme!

Die gleiche bleiche Wartequal
hockt wie ein Geier überall
und hält uns in den Klauen.
Im Dunst der Stadt, im fernsten Tal, –
ganz Deutschland ist ein Wartesaal
mit Millionen Frauen.

Die Amsel schluchzt, die Blumen blühn,
das Korn wird gelb, die Stare ziehn,
und der Winter rupft Federn im Garten.
Ein Mond wird schmal, ein andrer naht,
und rings ums Herz starrt Stacheldraht.
Geduld, mein Herz! Geduld, mein Schmerz!
Wir leben nicht, – wir warten!

Wir warten stumm,
daß sich die Welt unser erbarme.
Schickt sie doch heim.
Schickt sie doch endlich heim in unsere Arme!

Dieser letzte Ausruf »Schickt sie doch endlich heim ...!« war von Erich Kästner nicht nur mutig, sondern beinahe schon provokant, denn er richtete sich an die Alliierten und wir waren ein besiegtes Volk.

Und hier möchte ich noch etwas über die Zensur sagen: Wir hatten zwölf Jahre lang in einer Diktatur gelebt und waren daran gewöhnt, daß alles vom Staat überwacht, diktiert und zensiert wurde. Wir wußten, daß hinter jedem gesprochenen oder geschriebenen Wort der Tod lauern konnte. Der Tod im KZ. Zumindest das Verschwinden in einem Lager auf unbestimmte Zeit.

Die Zensur der amerikanischen Besatzungsmacht war eine andere: Wer die Amerikaner kritisierte, sie verhöhnte oder veralberte, wurde gebeten, den beanstandeten Text aus dem Programm zu streichen, bzw. zu ändern. Dabei wurde oft gar nicht überprüft, ob die Bitte befolgt worden war: Nach wie vor sang Ursula Herking, wo immer sie auftreten konnte, das »Marschlied 1945«, obwohl der amerikanische Theater Control Officer daran beanstandete, daß die Deutschen »schon wieder marschieren« und daß es die Zeile gab »Vorwärts marsch, von der Memel bis zur Pfalz« – schließlich kam »die Memel« im Deutschlandlied vor und zwar in der ersten Strophe, die wir heute nicht mehr singen.

Mit einer solchen Zensur war keine Gefahr für Leib und Leben verbunden.

Ursula Herking in »Das Lied vom Warten«
von Erich Kästner und Edmund Nick

DIE NEUE MODE
(Strohhut im Winter)

Text: Erich Kästner
Musik: Edmund Nick

Ich habe meinen Strohhut auf,
es ist mein letzter Hut.
Er paßt nicht ganz zur Jahreszeit,
er steht mir aber gut.
Der Mantel läßt mich völlig kalt.
Die Nähte sind geklebt.
Schier dreißig Jahre ist er alt,
hat manchen Sturm erlebt.
Den Schal hab ich mir seinerzeit
in Bukarest besorgt.
Die Schühchen hat mir Onkel Fritz
auf Lebenszeit geborgt.
Das ist der neue deutsche Stil,
der alle Moden schlägt:
Man trägt nicht mehr, was Mode ist,
oh nein, oh nein, – modern ist, was man trägt.
Man trägt sein Bündel fröstelnd durchs Gemäuer.
Man trägt die Hoffnungen ins Leihhaus, ihr Herrn!
Man trägt sein Los, das Los war ziemlich teuer.
Was man verdient, trägt man im Trab zur Steuer.
Strohhut im Winter, das ist jetzt modern.

Ich habe meinen Strohhut auf
und ich versichre Sie:
Es ist nicht wichtig, was man trägt,
viel wichtiger ist, wie!
Einreihig wird die Not geknöpft,
die Schultern sind wattiert.
Den Kummer trag ich rückenfrei,
mit leichtem Spott verziert.
Ich hab mein Herz fest in der Hand
und lächle unbeirrt.
Sogar mein Paletot glaubt dran,
daß wieder Frühling wird.
Das ist der neue deutsche Stil,
der unser Leben prägt:

Jetzt kommt's nur auf die Haltung an,
jawohl, jawohl, mit der man alles trägt.
Man trägt den Kopf hoch ohne Wimperzucken.
Man trägt das Herz auf dem rechten Fleck, ihr Herrn!
Man trägt sein Schicksal, ohne lang zu mucken.
Man trägt sein Bündel, ohn' sich umzugucken.
Man trägt den Kopf hoch, – das ist jetzt modern.

Deutsches Ringelspiel 1947

Text: Erich Kästner
Musik: Edmund Nick

(Einige bezeichnende Figuren unserer Tage kommen nacheinander, an im Kreise bewegte Marionetten erinnernd, ins Rampenlicht. Dort singt jede Figur ihr Lied. Nachdem sie alle an der Reihe waren, enthüllt die auf dem Sockel stehende, im Dämmer der Bühnenmitte bisher nur geahnte allegorische Figur, die »Zeit«, ihr Gesicht und bringt den Abgesang. Während und so oft die Schauspieler stumm den Weg rund um die »Zeit« zurücklegen, ertönt eine spieluhrartige Musik. Das Licht konzentriert sich während des ganzen Spieles auf die Rampenmitte. Nachdem einige Figuren den Lichtkegel durchschritten haben, halten sie inne. An der Rampe steht die verschneite Flüchtlingsfrau. Die Spieluhrmusik hat aufgehört.)

Die Flüchtlingsfrau

Das Gebirg steht starr. Die Seen sind aus Eis.
Und es schneit. Und mich friert. Und es schneit …
Kaum weiß ich noch, wer ich bin, wie ich heiß.
Ihr macht euch in euren Stuben breit.
Und es schneit. Und mich friert. Und es schneit.

Ich steh euch im Weg, wo ich steh, wo ich bin.
Und es schneit. Und mich friert. Und es schneit …
Wo kam ich her, wo soll ich hin?
Ihr habt für mich keinen Raum, keine Zeit.
Und es schneit. Und mich friert. Und es schneit …

Ihr redet viel von Jesus Christ.
Und es schneit. Und mich friert. Und es schneit ...
Ob euer Herz aus Eisen ist?
Der Mensch tut sich nur selber leid.
Und es schneit. Und mich friert. Und es schneit ...

(Nach dem Ende des Liedes wird der Rundgang, auch musikalisch, wieder aufgenommen, bis der Geschäftemacher im Lichte der Rampe stehenbleibt. Die Spieluhrmusik hört auf. Der Geschäftemacher ist ein auffällig dicker Mann mit steifem Hut, jovial und gerissen lächelnd.)

Der Geschäftemacher

Ich hab alles das, was keiner mehr hat.
Bei irgendwem muß es ja sein.
Ich spiele das Leben am liebsten vom Blatt.
Da klingt nicht jeder Ton rein.
Bei Nacht und Nebel und tonnenweise
macht Fleisch, macht Mehl seine leise Reise.
Ich mache die Preise!
Ich schiebe, ich schob, ich habe geschoben.
Fett – schwimmt oben!

Ich handle mit Holz, mit Brillanten und Speck,
mit Häusern und Nägeln und Sprit.
Ich handle, wenn's sein muß, mit Katzendreck
und verkauf ihn als Fensterkitt.
Ich verschieb die Waggons und dann noch die Gleise.
Ihr rennt wie hungrige Mäuse im Kreise.
Ich mache die Preise!
Es liegt mir nicht, mich lange zu loben.
Fett – schwimmt oben!

(Rundgang mit Spieluhrmusik wie auch im folgenden)

Der heimkehrende Kriegsgefangene

Das ist die Heimkehr dritter Klasse,
ganz ohne Lorbeer und Hurra.
Die Luft ist still. Der Tod macht Kasse.
Du suchst dein Haus. Dein Haus ist nicht mehr da.

Du suchst dein Kind. Man hat's begraben.
Du suchst die Frau. Die Frau ist fort.
Du kommst, und niemand will dich haben.
Du stehst im Nichts. Das Nirgends ist dein Ort.

Du bist dem Tod von der Schippe gesprungen.
Der Abgrund hat dich *nicht* verschlungen,
auch nicht die große Flut.
Du bist noch da und doch nicht mehr vorhanden.
Jetzt müßte einer schreien:

(Stimme von oben:) »Stillgestanden!«

Das täte mir gut.

Das Frauenzimmer

(Das Lied im Tango-Rhythmus)

Diese Zeit ist meine Zeit,
und meine Zeit verrinnt.
Wie lange noch, dann ist's soweit!
Ich nehme, wen ich find.

Diese Zeit ist meine Zeit
und Sünde ist ein Wort.
Ich habe keine Zeit zum Leid
und jag die Treue fort.

Diese Zeit ist meine Zeit.
Ich taug so viel wie sie.
Ich bin der Leib. Sie ist das Kleid.
Diese Zeit ist meine Zeit.
So schön war es noch nie!

Der Dichter

Der letzte Schuß ging längst daneben.
Ihr krocht aus Kellern und aus Gräben.
Das große Sterben war vorbei.
Der Tod war satt, und ihr begannt zu leben
wie einst im Mai.
Ich bin der Dichter, der euch anfleht und beschwört.
Ihr seid das Volk, das nie auf seine Dichter hört.

Die Welt ging diesmal fast zugrunde.
Die Welt ging diesmal beinah vor die Hunde.
Ihr saht das Zweitjüngste Gericht.
Doch die Bedeutung dieser schwarzumwehten Stunde
fühltet ihr nicht!
Ich bin der Dichter, der euch anfleht und beschwört.
Ihr seid das Volk, das nie auf seine Dichter hört.

(Ein junges Mädchen verkörpert –)

Die arme Jugend

Kein Himmel kann es wollen
und auch die Erde nicht,
daß wir zerbrechen sollen,
wie wenn ein Glas zerbricht.

Wär's nicht am End gerechter,
man säh in unser Herz?
Es ist auch nicht viel schlechter
als Herzen anderwärts.

's müßt auch für uns was geben,
und wär es gleich nicht viel:
Wie sollen wir denn leben
ganz ohne Glück und Ziel?

Seid Menschen, nicht Nationen!
Vergeßt den alten Brauch!
Der Himmel wird's euch lohnen
und wir, die arme Jugend, auch.

Der Parteipolitiker

Während man sich redlich müht,
daß aus den ererbten Trümmern,
frei nach Schiller, Leben blüht,
regen sich, statt mitzuzimmern,
Gruppen, die der Wunsch durchglüht,
was schon schlimm ist, endlos zu verschlimmern.

Geh nicht in irgendeine Partei,
oder in eine zu kleine Partei,
oder in eine zu feine Partei!
Spiel nicht alleine Partei!
Gründe nicht deine Partei!
Geh auch nicht in seine Partei!
Es gibt nur eine Partei,
sonst gibt es keine Partei, –
es gibt nur meine Partei!

(Die Figur der Halbwüchsigen, verwildert, mit einem Bündel:)

Die Halbwüchsige

Wer unrecht tut, hat's besser als die Braven.
Er lügt und stiehlt und lacht die andern aus.
Es ist bequemer, nachts im Heu zu schlafen
als hinter Gittern, im Erziehungshaus.

Ich wär ganz gerne fromm und gut und klug.
Ich glaube nur, ich glaube nur, –
ich wünsch mir's nicht genug …

Ich weiß so viel, was ich nicht wissen sollte.
Und was ich wissen sollte, weiß ich nicht.
Ich habe viel getan, was ich nie, nie tun wollte!
Habt ihr auch ein Gewissen, das nicht spricht?

Und hat's noch Sinn, daß man mir hilft und rät?
Ich fürchte fast, ich fürchte fast, –
es ist bereits zu spät …

(Die Figur des Widersachers, breitbeinig in Reitstiefeln und Breeches, die Hände faul in den Taschen:)

Der Widersacher

Wir haben euch gezwungen und verlockt?
Stellt eure Unschuld bloß nicht untern Scheffel!
Wir haben euch die Suppe eingebrockt,
und ihr habt nicht mal einen Löffel! (lacht schadenfroh)

Ablösung vor! Ihr erbt den Schrott und Schund.
Es ist, als ob wir's abgesprochen hätten!
Wir richten Deutschland jedesmal zugrund –
Und dann kommt ihr und dürft es retten. (lacht)

Dann schau'n wir zu und schimpfen euch Verräter
und spotten all der Fehler, die ihr macht.
Habt ihr das Land dann wieder hochgebracht,
entsenden wir die ersten Attentäter
und werben für die nächste Völkerschlacht!
So viel für heute, alles andre – später! (lacht)

(Während sich die neun Figuren weiter im Kreise bewegen, hebt sich der Scheinwerfer und zeigt auf die Figur der *Zeit*. Sie steht auf einem Sockel und hat wie Justitia eine Binde vor den Augen. Die Figuren stehen still. Ende der Spieluhrmusik.)

Die Zeit

Mein Reich ist klein und unabschreitbar weit.
Ich bin die Zeit.
Ich bin die Zeit, die schleicht und eilt,
die Wunden schlägt und Wunden heilt.
Hab weder Herz noch Augenlicht.
Ich kenn die Gut und Bösen nicht.
Ich trenn die Gut und Bösen nicht.
Ich hasse keinen. Keiner tut mir leid.
Ich bin die Zeit.

(Im Folgenden immer eisiger, verächtlicher, unnahbarer:)

Da ist nur eins, – das sei euch anvertraut:
Ihr seid zu laut!
Ich höre die Sekunden nicht,
ich hör den Schritt der Stunden nicht.
Ich hör euch beten, fluchen, schrein,
ich höre Schüsse mittendrein,
ich hör nur euch, nur euch allein ...
Gebt acht, ihr Menschen, was ich sagen will:
Seid endlich still!

(Nur etwas weniger kühl, eine Nuance menschlicher:)

Ihr seid ein Stäubchen am Gewand der Zeit, –
laßt euren Streit!
Klein wie ein Punkt ist der Planet,
der sich samt euch im Weltall dreht.
Mikroben pflegen nicht zu schrein.
Und wollt ihr schon nicht weise sein,
könnt ihr zumindest leise sein!
Schweigt vor dem Ticken der Unendlichkeit!
Hört auf die Zeit!

(Während die Spieluhrmusik wieder einsetzt und die Figuren sich erneut zu drehen beginnen, fällt der Vorhang.)

Daß das »Ringelspiel« einen so enormen Erfolg hatte, daß es die Zuschauer zutiefst erschütterte, lag wahrscheinlich weniger an den Texten als an der »Machart«, angefangen von der Musik Edmund Nicks, die das Wesentliche jedes Liedes unterstrich und hervorhob, bis zu der für ein Kabarett ungewöhnlich statischen, ernsten Darbietung: Die sehr große Bühne lag in völligem Dunkel. Ein einziger Scheinwerfer, in dem die jeweilige, total isoliert darin eingegossene Figur mit dem Inhalt des Liedes eine Einheit wurde. Die in der Mitte erhöht stehende Gestalt, von der man nicht wußte, was sie darstellen könnte, denn als Allegorie der Justitia hätte sie eine Waage in der Hand halten müssen; sie hatte aber nur die Augen mit einem Schleiertuch verbunden und schien hinter dem von oben herabschießenden Scheinwerferstrahl, der nur den Akteur an der Rampe traf, wie eine Epiphanie in einem weißen Nebel zu schweben. Man fror. Sowohl innen wie außen. Es waren die The-

men unserer Gegenwart, die uns nicht nur beschäftigten, sondern im Griff hatten.

Daneben gab es aber auch etwas, das Gunter Groll »ein kleines atmosphärisches Meisterstück« nannte, »Das Tangoliedchen«, das keineswegs neu war, sondern aus den frühen dreißiger Jahren stammte. Die Noten gingen im Krieg verloren, Nicki schrieb sie so, wie er sich erinnerte, noch einmal auf und sagte später dazu in einer Sendung des WDR (vom 17. 2. 1964):

Zuweilen griffen wir auf frühere Erzeugnisse zurück, tendenzlose, der Unterhaltung dienende Chansons, wie sie im Dritten Reich von den Kaberettisten benötigt wurden. Ich verwahrte noch ein Tangolied, dessen Text mir Kästner einmal im Café Leon am Kurfürstendamm zugesteckt hatte, als ich noch in der »Katakombe« bei Werner Finck und Rudolf Platte am Flügel saß. Ich hatte es damals noch am selben Nachmittag komponiert. Tags darauf wurde es schon von Tatjana Sais ins Programm übernommen.

Das Tangoliedchen

Text: Erich Kästner
Musik: Edmund Nick

Ja, das mit der Liebe, das ist so:
Ihr Kommen und ihr Gehen,
das läßt sich nicht verstehen.
Erst war man ganz und gar allein,
doch eines Tag's ist man zu zwei'n.
Ja, das mit der Liebe, das ist so!

Das Leben will's so, einmal muß es sein.
Und als er fragte, sagte man nicht nein.
Das war die schönste Zeit.
Sie heißt Vergangenheit.
Nun ist man wieder mehr als erst allein.

Man dachte, er bliebe,
da ging er fort.
Man dachte, er schriebe,
es kam kein Wort.

Man kann nicht immer weinen,
so viel man auch wollte,
und man vergißt den einen,
wie man es auch sollte.
Man sitzt und denkt: Man wird nie wieder froh.

Doch das mit der Liebe, das ist so:
Man glaubt, es geht nicht weiter,
doch dann, dann kommt ein zweiter.
Die Zeit vergeht und man vergißt,
daß es nicht mehr der Erste ist.
Ja, das mit der Liebe, das ist so!
Mit der Liebe ist es so …

In jedem Schaubudenprogramm fanden sich solche ganz arglosen Texte zur Auflockerung zwischen den ernsteren Themen. Dazu gehörte im 4. Programm auch »Der Couchgast« (auf dem Programmzettel unter dem Titel »Die Kunst einzuschlafen«), von Herbert Witt für Karl Schönböck geschrieben, von Edmund Nick komponiert. Nur eine Humoreske? Nein, Tatsachen – man muß sie erlebt haben!

DER COUCHGAST

Text: Herbert Witt
Musik: Edmund Nick

(Karl Schönböck liegt auf einer mehr als dürftigen Couch mit einer harten Decke zugedeckt. Er liest eine kurze Prosa aus dem Buch »Die Kunst einzuschlafen«, dann das Chanson:)

Ich, Sie kennen mich ja alle,
bin der Fall, der ohne Falle,
bin der bett- und obdachlose Mann.
Jeden Abend um halb sieben
werde ich herumgetrieben,
frage nach, wo ich heut schlafen kann.
Alle Freunde und Verwandten,
die Kollegen, deren Tanten,

deren Neffen, deren Nichten gab'n mir Nachtquartier.
Stets reihum schlaf ich die Runde.
Jeder schreit, erscheint der Kunde:
Ach du holder Schläfer, bitte bitte schlaf bei mir!
Zwar auf unserer Couch gingen zweie schon zur Ruh.
Doch wenn Sie's nicht stört, lege ich Sie gern dazu.
Die Decke ist kurz, doch man wird bald warm,
liegt man dichte bei dicht und Arm in Arm.

Refrain:
Ich bin der Couchgast, der ewige Couchgast,
ich träume immer, ich schlaf im Bett –
doch muß auf Couchen ich mich nur knautschen –
ach, wenn ich doch ein Bettchen hätt!
Ich würde mich drin fühlen
so mollig wunderbar,
mich in den Kissen siehlen
wie die Po- (*er spürt plötzlich die sehr harte Unterlage*) po-tiphar.
Ich bin der Couchgast, der arme Couchgast,
ein gutes Frühstück erst macht mich fit!
Laß mich auch nicht lange nöt'gen,
sauf den Nes und freß die Brötchen,
und wenn ich gehe, geht ein Stück Lavendelseife mit!

Couch und Couch ist unterschiedlich.
Auf der einen pennst du friedlich,
doch die andre ist so kurz wie schmal.
Die bei Rudi ist nicht ohne,
da liegt deine beste Zone
halb aufm Wank und halb im Zillertal.
Auf Causeusen und Couchetten
mußt ich kurzgefaßt mich betten,
und auf Krauses Kanapee kriegt ich ein Zitterkreuz.
Wühlt in Pfühlen ottomanisch,
fühlt auf Stühlen mich divanisch,
und auf Ritters Pritsche hol ich mir das Ritterkreuz!
Und bei Mayers gabs einen Nachtstuhl als Bett,
und ich schlief schon im Stehn zwischen Tür und Büffett.
Doch die Nacht bei Gustav vergeß ich nie.
Das war nicht 'ne Chaise- (spricht): nein! -'ne Schaise-longü.

Refrain:

Ich bin der Couchgast, der ewige Couchgast,
ich träume immer, ich schlief im Bett –
doch muß auf Couchen ich mich nur knautschen.
Ach, wenn ich doch ein Bettchen hätt!
Ich würde mich drin kuscheln
und gähnen wonniglich
und in die Kissen tuscheln:
Jetzt könnt ihr alle mich –
beneiden könnt ihr den armen Couchgast.
Ich schlaf jetzt fröhlich, selig ein!
Doch ich wurde längst bescheiden.
Und drum will ichs gerne leiden,
schlaf ich im Bettchen auch nicht immer ganz allein ...

(Im Einschlafen gesprochen, während die Musik langsam in ein Wiegenlied übergeht:)

Du, Schlumpsi, mir ist, als schwämmen wir im Meer der Träume in einer Arche ...
Was? Du hast Angst, daß ich ... schnarche ...
Aber in so einer feinen Heia ist das doch streng verpönt ...
Schnarchen ... hab ich mir längst ... abgewöhnt ...

(Mit der abschließenden Wiegenliedmusik fängt er immer lauter an zu sägen.)

Post skriptum: Die Schauspielerin Hilli Wildenhain war die einzige, die nach dem Krieg noch eine unzerbombte Wohnung hatte. Sie brachte jede Nacht diverse Couchgäste unter, z.B. jene, die außerhalb Münchens bei irgendwelchen Bauern untergekommen waren, aber auch mal abends in München sein wollten. Da die letzten Züge aufs Land viel zu früh abends abgingen und es keine unzerstörten Hotels mehr gab, war man auf solche Gastfreunde angewiesen. Bezahlt wurde meist in Naturalien, die man auf dem Schwarzmarkt kaufte. Bettwäsche konnte nie gewechselt werden, falls es welche gab, denn es gab kaum Seifenpulver. Nur ein Stück Schwemmseife pro Monat auf Marken. (E.N.)

[München,] 14.3.47 [Zettel in einem Päckchen]
Hier ein bissel was zum Knabbern von Lore.
Bei Hurrle: er bietet 1800.- Gage.[1] Garantiert meine Operette. Das Haus[2] würde am 1. September fertig sein und es könne keine Rede davon sein, daß dann das Schauspiel hineinkommt!
Hatte eben Probe des neuen »Parteien-Chores«.[3]
Tausend Küssel
                    Euer N.

            [München,] Montag, 17.3.47

Liebste Katja!
War heute am Wohnungsamt. Lange stehen. Der Mann ist für Bogenhausen nicht zuständig. Wies mich an Herrn Bedenk. Der gab mir Formulare für einen Ausbauantrag. Zufällig kam der Rechtsrat Lange heraus – Bedenk ist jetzt dessen Vorzimmermann – und nahm mich dran. Scharnagl wäre sehr wichtig. Aber ich muß noch einmal Franz Höhn angehen, denn eine Zuweisung bezeichnen alle als so gut wie unmöglich. Mit mir waren Ursula und Petra dort, aber bei anderen Referenten. Als ich heimkam, war es 12 Uhr vorbei, so daß ich das Paket wohl erst nächsten Montag[4] holen kann. Ich gehe aber morgen auf gut Glück einmal hin, vielleicht kriege ich es.
Heute um 5 bin ich bei Rudi Schündler. Ich werde ihm die Hölle heiß machen, da alle, z.B. Hellmuth Krüger, 100.- pro Tag[5] haben und ich bloß 80.- Es ist eine solche Unterbewertung und Zurücksetzung, daß ich ihm sehr unangenehm kommen werde. Ich bin geladen.
Ohne mehr für heute küßt Dich
                    Dein N.

[1] Damals verhandelte bereits die »Bayerische Staatsoperette« mit Nicki, der dort Chefdirigent werden sollte.
[2] Aber das Haus am Gärtnerplatz war noch ein Trümmerhaufen.
[3] Im 4. Schaubudenprogramm gab es ein Couplet »Die Staatslotterie« von Hellmuth Krüger, das umbesetzt werden mußte.
[4] Offenbar fand die Ausgabe der Pakete auf dem Zollamt nur an einem Tag in der Woche statt, am Montag vormittag.
[5] Hier handelt es sich um die Abendgage: demnach wurde der Komponist der Chansons schlechter bezahlt als der Texter; Krüger bekam aber vermutlich mehr, weil er auch noch die Conference machte.

[München,] 20.3.47

Freut Euch und frohlocket! Die Frau des Komponisten Richard Mohaupt,[1] derentwegen er emigrierte, weil sie Jüdin ist, sandte mir ein kleines, aber schweres Paket: Es ist herrlich! ... Ich bin hochbeglückt. Der Weg bis hinter den Hauptbahnhof zum Zollamt hat sich gelohnt.

Also meine Pläne sind: Heute, Donnerstag, zu Scharnagl.
Freitag: Solti-Konzert in der Oper.
Sonntag nachmittag: Tedeum von Bruckner.
Montag früh: Mariahilf-Bunker.
Dienstag zu Euch! Zu Ostern will ich blau machen. Rudi habe ich in einer langen Aussprache hochgenommen wegen zu geringer Gage. Er war ganz klein.

Lebt wohl für heute!

Euer N.

[München,] Freitag, 21.3.47

Meine Schnauzibauzis!
Soeben brachte mir die hübsche, blonde, lettische Sekretärin von Frau Dr. Pick ein wieder recht lose gepacktes Packerl von B. aus England: Vitamine, Datteln, Schoko, Kondensmilch, Kaffee. Es waren auch Zigaretten und Schoko für Frau Dr. Pick drin. Die werde ich ihr Montag in der Schaubude geben – sie bat mich gestern, als sie mir eine Dose Grapefruit zustellte, um Karten. Ich muß also nun die Zeit opfern und Euch ein Paket machen, sonst hab ich keinen Platz mehr. Es scheint, daß die Schneeschmelze auch die Pakete in Bewegung gesetzt hat, denn so viel kam ja selten hintereinander.

Gestern beim Oberbürgermeister sang die Caecilie Reich: eng, schrill, mit Tremolo Cornelius, Schumann, Strauß etc. Es waren da: die Hatheyer, die Sallocker, Holsboer, Friedrich Domin, Carl Wery, Heinz Pringsheim, Graf Kalckreuth, Dr. Zentner, Solti, der mich dringend zu sprechen wünscht und um Anruf bat, Dr. Rolf Flügel, der so oft im »Münchner Tagebuch« schreibt, Kammer-

---

[1] Mohaupt (1904–1957), auch Dirigent und Pianist, gebürtiger Breslauer, spielte oft am Breslauer Sender, als Nicki von 1924-1933 dort der Musikalische Leiter war. Hier folgt wieder eine lange Aufzählung lebensrettender Konserven.

sänger Bender mit Frau und viele andere wohl städtische Beamte – so sahen sie aus. Ich also auf den mir schon bekannten Stadtrat Przemek, Breslauer, los, der die rechte Hand von Scharnagl ist, mit der Bitte, mich dem OB wegen Wohnung näher zu bringen. Da sagt er: Sie haben Glück, heute ist der Stadtrat Frey da – der gottalleröberste Leiter des Hauptwohnungsamtes! Mit Hilfe von Holsboer und Przemek und der reizenden Tochter von Scharnagl, der ich mein Leid noch schnell geklagt hatte, schleppten sie mich alle zu dem ortsgewaltigen Frey, der sich dann alles sagen ließ und meine Adresse mitnahm. Ob ich schon eine Wohnungsvormerkungskarte hätte?, fragte er mich. Leider nein. Er wird mir ein Antragsformular senden.

Heute in aller Frühe nischt wie hin aufs Wohnungsamt. Das Antragsformular hatte ja, längst ausgefüllt und mit allen Empfehlungen versehen, so lange bei Bedenk gelegen! Zufällig kommt der Referent von Frey zur Tür heraus, nimmt mich gleich mit, einen Stock tiefer. Nach fünf Minuten hatte ich die Wohnungsvormerkungskarte Nr. 101263 vom 21. 3. 1947 in der Tasche. Wenn der Frey wahr macht, was er mir in Aussicht stellte, nämlich mich auf die »Sonderliste« zu setzen, da muß es ja einmal werden. Nicht vor Juli, sagte er allerdings. Wenn ich mit der Staatsoperette abgeschlossen habe, trete ich ihn wieder. Wie bin ich?

Wir sollten um 11 Uhr in der Schaubude Probe der neuen Schlußnummer haben, die den Friedhof-Sketch ersetzen soll.[1] Um 11.20 Uhr war Rudi noch nicht da; die Schauspieler alle in Kostüm und Maske! Da verließ ich die Schaubude. Man hat mich nicht geholt, wahrscheinlich hat er sich mit Brüning [dem Mann am zweiten Klavier] begnügt. Gestern sollte Probe sein, ich ging hin, da war sie abgesagt und Souffleuse, Inspizient, ein paar Mimen, Brüning und ich fluchten, weil man uns am Abend vorher nichts gesagt hatte. Ein Saustall.

Heute Solti.

Lebt wohl und seid umhalst, umarmt, umbeint,
umwunden – unumwunden –

von Eurem N.

---

[1] Seit Ende Februar 1947 lief in der Schaubude das 4. Programm, in dem es einen von Axel von Ambesser geschriebenen Sketch »Heiteres vom Friedhof« gab. Das muß wohl ein sogenannter »Abstinker« gewesen sein, der nun ersetzt wurde durch etwas anderes.

Den nächsten Brief schrieb mein Vater am 1. April 1947 als Zusatz auf ein kurzes Schreiben der »Neuen Zeitung« vom 28. März 1947, worin ihm vom Feuilleton-Sekretariat Folgendes mitgeteilt wurde:

Lieber Herr Dr. Nick,
mit schönen Grüßen von Fräulein Enderle soll ich Ihnen mitteilen, dass das Sonett sehr gut gefallen hat und dass wir es angenommen haben.
    Viele schöne Grüße!
DIE NEUE ZEITUNG

Bei dem Sonett handelte es sich um ein Gedicht von mir, das mein Vater dem Erich Kästner auf den Schreibtisch gelegt hatte und das, nachdem es in der Neuen Zeitung abgedruckt war, eine mittelgroße Flut von (männlichen) Zuschriften erhielt. Das Original liegt inzwischen im Münchner Literaturarchiv, der »Monacensia«. Da das Gedicht später in keinem meiner Bücher auftauchte, weil es mir doch zu »kindlich«, also sagen wir mal: als eine Jugendsünde erschien, tippe ich es hier aus meiner Kladde ab.

KLAGE

Ich bin wie eine Harfe. Meine Saiten
zerriß ein Spieler, der es nicht verstand
zu spielen; viel zu schwer war seine Hand
für aller Melodien Innigkeiten.

Nur noch zwei Saiten blieben, bang verloren,
und sehnen sich nach einem neuen Klang
und gehen in Erinnerung entlang
und in Gesängen, die noch nicht geboren.

Ich bin nur noch wie einer Harfe Rahmen,
aus welchem alle Melodien fielen.
Ich bin nur noch des Rahmens äußerer Glanz.

In meinen beiden Saiten, die erlahmen,
steht nur der Wind; doch keiner will sie spielen,
als fürchte jeder eine Dissonanz.

Unter den Zuschriften, die mich daraufhin erreichten von jenen, die sich für mutig genug oder berufen fanden, einmal auf meinen zwei Saiten zu spielen, gehörte auch eine ganz ungewöhnliche, nämlich verpackt in einem Gedicht. Es war die einzige für mich, die mich wirklich traf, ja herausforderte. Es entstand daraus ein kurzer Briefwechsel und dann eine lebenslange Verbindung: mit meinem ersten Mann, Robert Schnorr.
Auf die Mitteilung der »Neuen Zeitung«, daß mein Sonett angenommen sei, schrieb mein Vater:

1. April 47

Dies ist hoffentlich kein Aprilscherz!
Mit Vonficht eine Stunde lang gesprochen. Im Mai soll Dein Band [»Märtyrer«] erscheinen, der Dachs-Band – sprich: Däxbänd.

Ich instrumentiere immer, ununterbrochen, die Sachen für den Südwestfunk. Am 30.4. und am 1. Mai soll ich dort dirigieren.

Küsse über Küsse.

Euer N.

Die Einladung des Oberbürgermeisters Scharnagl zu einem Frühstück, das eigentlich eher als ein Spätstück angesehen werden darf, ist es wert, hier fotokopiert zu werden. Wie man sieht, konnte man sich im Vorzimmer des OB nicht vorstellen, daß man Nick nicht auf bayerisch schreibt, also genau wie Sepp Nigg ...

Der Oberbürgermeister
der Landeshauptstadt München

München, den 9. April 1947
Tel. 360871/430

Herrn
Dr. E. Nigg
München

Sehr geehrter Herr Doktor!

Aus Anlaß des Festkonzertes des Herrn Generalmusikdirektors Prof. Hans Knappertsbusch an den Ostertagen habe ich Herrn Prof. Knappertsbusch gebeten, Gast der Stadtverwaltung bei einem kleinen Frühstück zu sein.

Ich würde mich freuen, wenn auch Sie meiner Einladung zu diesem Frühstück Folge leisten würden. Ich bitte Sie, am Donnerstag, den 10. April 1947, mittags 1.00 Uhr, sich in meinem Amtszimmer einzufinden. Telefonischer Bescheid wird erbeten.

Mit vorzüglicher Hochachtung

Dr. Scharnagl
Oberbürgermeister

Auf der Rückseite der Einladung berichtet mein Vater am 11. 4. 1947 über dieses Essen:

Kinder!
Es gab im Ratsweinkeller ein exzellentes Menü und herrlichen Deidesheimer. Ich saß neben Bürgermeister Wimmer, einem alten Sozialdemokraten, der mir erzählte, wie schwer es sei, das Pferdefutter für die Wagen der Müllabfuhr zu beschaffen; mir gegenüber: Dr. Scharnagl, Knappi [Hans Knappertsbusch] und Kultusminister Hundhammer.
    Gestern Tagebuch-Artikel, heute Kritik für die Neue Zeitung abgeliefert, bin ganz erledigt von der Schwerarbeit. Viele Besuche.
    Tausend Küsse und ein Willkommen der Heimkehrerin.[1]
Euer N.

[München,] 14. 4. 47

Alea iacta est = der Würfel ist gefallen.[2] Ich glaube, daß ich mit Hurrle gut arbeiten könnte. Er will nun die Presse informieren. Beginn am 1. September, eventuell am 1. August 1948.
    Morgen bei Solti zum Kaffee. Meine Tagebuch-Kritik hat wie eine Atombombe eingeschlagen und »macht die Runde«, wie mir H. sagte. Über die verstümmelte Kritik in der Neuen Zeitung bin ich k r a n k vor Ärger.
    Ich bin überhaupt nicht sehr kräftig jetzt und sehr müde.
    Von Elisabeth[3] ein trauriger Brief: Ihre Mutter hat sich in New York das Leben genommen.
    Ich küsse Euch wie immer in großer Sehnsucht,
Euer Nicki

---

[1] Die Heimkehrerin war ich: am 12. April wurde ich aus dem Krankenhaus nach zehnwöchigem Aufenthalt entlassen, allerdings ohne daß die Blinddarmwunde ganz verheilt war.

[2] Mein Vater hatte den Vertrag mit der »Bayerischen Staatsoperette« unterschrieben, dort als Chefdirigent zu fungieren.

[3] Elisabeth de Freitas, Sopranistin, später verheiratet mit dem Regisseur Günther Rennert, war eine alte Freundin von uns. Ihre Mutter mußte als Jüdin vor den Nazis emigrieren und wie so Viele hielt sie am Ende das Schicksal, in der Fremde zu leben, nicht aus.

[München,] 19.4.47

Meine Allerliebsten!
Ich hole heute das Paket von Lore aus London.
Rudi [Schündler] scheint gar nicht besonders erschüttert zu sein über meinen Abgang [zur Staatsoperette]. Er macht in dickster Freundschaft, natürlich soll ich komponieren. Er hat sich eine tolle Geburtstagsfeier zelebriert: Im feudal ausgestatteten Bühnenklub – Kaminfeuer, Kerzenbeleuchtung, ein dolles Essen, dann Nachfeier bei ihm bis 6 Uhr früh. Kiaulehn war auch dabei, aber so havariert, daß er wie eine alte Korvette torkelte und lallte.
Gestern abends bei Scharnagls mit Rudi, Osthoff, [Ursula] Herking, [Monika] Greving und Schönböcks. Es gab mächtig viel zu essen und nachher mußte ich viel auf dem Pianoforte spielen und begleiten: Das »Tangolied«, »Marschlied 1945«, »Die kleine Schraube«, »Spielzeuglied«, »Fiakerlied«, schließlich endete alles im Chorgesang von »Über der Oder« und »Volksweise«[1]. Der Prof. Held war dabei, der mich um Überlassung des [Noten-]Manuskripts vom »Ringelspiel« für die Stadtbibliothek bat. Welche Ehre! – Sonst nur das Ehepaar Scharnagl, die verheiratete Tochter und eine Freundin von ihr. Es war auch wieder sehr spät und ich bin todmüde.
Morgen Mittag bin ich bei Eva L'Arronge, um 3 Uhr in der Aula Konzert mit »Feuervogel« von Strawinsky. Dann Vorstellung.[2]
Heute bin ich bei meinem Kontrabassisten Busen zum Geburtstagskaffee geladen. ... Frau Husch malträtiert mich mit Radiomusik. Dabei hörte ich heute meine »Blaue Mondnacht«, jetzt zu Mittag.
Solti war böse über meine Kritiken. Ich hatte bei ihm eine heftige Aussprache und habe ihm über die Taktlosigkeit, die »Walküre« zu spielen, die Meinung gesagt.
So jetzt zu Busen, dann in die Staatsoperette zu »Frühlingsluft«.
Ich liebe Euch allerinnigst!

Euer N.

Was die Aussprache mit Solti betrifft: Am 12. April 1947 brachte das »Münchner Tagebuch« eine Kritik meines Vaters über ein

[1] Die »Volksweise«, ein Lied von Rilke, das wir oft mehrstimmig sangen.
[2] Abends tingelte mein Vater an einem der beiden Klaviere in der »Schaubude«.

Konzert mit Hans Knappertsbusch. Ich muß aus dieser Rezension einen Abschnitt zitieren, um deutlich zu machen, warum Solti davon so betroffen war:

... Man feierte Ostern, man feierte Brahms, aber am meisten wurde Hans Knappertsbusch gefeiert. Hans Rosbaud hatte ihm sein Pult eingeräumt. Als sich der blonde Hans wie immer mit großen Schritten aufs Podium stürzte, wo ihn die Philharmoniker, die er vor fünfzehn Jahren zum letztenmal dirigiert hatte, stehend empfingen, da kam es zu Entladungen eines mauerumwerfenden Beifalls, wie er in solchen Ausbrüchen selten zu hören war. Fern aller Ekstasis, mit der ruhigen Sicherheit des ganz großen Könners, mit signorilen Gebärden von einer Knappheit und Eleganz, wie man sie nur bei Schuch und Weingartner zu sehen bekam, spielte er auf dem durch Rosbaud nun glänzend erzogenen Orchester die Dritte und danach die Zweite Symphonie von Brahms.

Generalmusikdirektor Solti hat sich als nächste Premiere in der Staatsoper die »Walküre« ausgesucht, das war immer die ureigenste Domäne von Hans Knappertsbusch. Ob Solti sagen wird: »Herr Professor, auch ich lade Sie ein, an Ihr altes Orchester, an das Staatsorchester. Darf ich Sie bitten, die ›Walküre‹ zu dirigieren?« Das wäre was für Knappertsbusch, den viel gereisten Rattenfänger, den diese hochberühmte Stadt gewiß besonders nötig hat!

Natürlich hatte sich Solti über diese Sätze geärgert und natürlich dachte er nicht daran, die »Walküre« dem »blonden Hans« zu überlassen, den er insgeheim für einen ehemaligen Nazi hielt, was Knappertsbusch nie war!

Inzwischen konnte die Schaubude auf ein Jahr erfolgreiche Kabarettarbeit zurückblicken. Der »Münchner Mittag« widmete diesem Ereignis einen Artikel unter der Überschrift:

Ein Jahr Schaubude

Nach diesem einen Jahr braucht in München kaum ein Mensch mehr zu fragen: was ist die Schaubude? Fast jeder hat einen Begriff vom Gesicht dieses literarischen politischen Kabaretts. Rudolf Schündler, gemeinsam mit Otto Osthoff Begründer des Theaters in der Reitmorstraße, sagt: »Eine Schaubude findet man auf dem Jahrmarkt. Unser Programm zeigt den Jahrmarkt des Lebens.« Und Hellmuth Krüger – man streitet sich, ob er das Herz oder die Seele des Programms ist – nennt es: Zeittheater. In Berlin, wo er kürzlich gastierte, verplapperte er sich, indem er sagte: »bei uns in München ...«. Die Berliner waren böse.

Es gibt weder in Berlin noch in Hamburg ein ernster zu nehmendes literarisches Kabarett; das muß einmal gesagt werden, damit München weiß, was es an der Schaubude besitzt. Ernst zu nehmen ist aber auch das Münchner Publikum, das seine kabarettistische Tradition kennt und entsprechend anspruchsvoll gestimmt ist. Ein Publikum, das nicht nur witzig unterhalten, sondern auch kräftig angepackt sein will. Das ist heutzutage selten.

Kästner, Krüger und die immer wieder begeisternde Ursula Herking; das sind die drei Sterne eines Getränks, wie man es früher unter dem Namen »garantiert echter Kognak« kannte. Es hängt zusammen mit »Spiritus«, zu deutsch: Geist. Dieser Sprit ist der Treibstoff der Schaubude; hinzu kommt die Stimulanz des wechselnden optischen Eindrucks, hinzu kommen die farbigen Punkte im Scheinwerferlicht und Edmund Nicks wirklich kabarettistische Musik.

Glückwunsch also dem Wiegenkind. Eine Prognose für das zweite Jahr? Die Schaubude wird sich zur Schaubühne entwickeln; schon hat sie ein Theaterstudio. Vielleicht ... aber das führt zu weit. »Vorwiegend heiter, leichte Niederschläge«: das ist schon die richtige Temperatur, das richtige Programm.

[München,] 22.4.47

Mein Bestes!

... Ich bin schrecklich müde, apathisch und sehe schlecht aus. Freitag komme ich zu Euch, vormittag mit Ursula oder nachmittag mit der Bahn. Ich holte gestern das Caritaspaket, eines mit Fleischbüchsen, Speck und Fett. Das ist herrlich. Ich bringe es mit.

Durch die Erkrankung der Barbara Pleyer, die das »Frauenzimmer« gab, hab ich Umbesetzungsproben mit einem Menubbel von Pipimädchen und bin böse darüber. Mittwoch nachmittag bin ich bei Hurrle wegen des Spielplans. Donnerstag bei Rothärmels. Die Mitarbeit an dem Musikalmanach [im Desch-Verlag] hab ich abgesagt. Ich kann nicht alles auf einmal machen. ... Nachmittag fahre

ich mit [Gerhard] Metzner zum Sekretär von Wolfgang: Metzners Eltern schreiben Hilferufe aus Beuthen [Oberschlesien].
Dann zu Eva L'Arronge zum High-tea.
Seid umarmt und beküßt
von Eurichtem N.

Hier schiebe ich ein paar Zeilen aus einem Brief, den ich am 5.5.1947 an meinen Vater schrieb, dazwischen, weil daraus ersichtlich wird, welche bescheidenen Geburtstagswünsche man damals hatte:

Nicki, ich wünsch mir was zum Butstag: Vom 29. Mai bis 2. Juni in der schönen Stadt sein, Ruinen sehen, Hundel sehen, Theater sehen, Oper sehen, alles sehen, Häusel sehen, Mäusel sehen, Leute sehen, mittags zu Hause Suppe oder Griesbrei essen, nachmittags Trio im Bett mit Knudelei bis Nicki gähnt und sagt: »Ich kann nicht mehr, ich bin plötzlich so miede.« Und früh Kakao mit Käse und Wurscht. So, das meine Wünsche fürs 21. Lebensjahr.

[München,] 9.5.47

Liebe Katja!
Heute früh erschien bei mir ein Herr, der mich bat, eine Abschrift des »Tangoliedes« anfertigen zu dürfen. Da ich nichts dafür verlangte, bot er mir seine Fabrikate an. Als ich fragte, was das wäre, sagte er: Waschmittel. Nach Tisch wurden die beiliegenden Kartons bei mir abgegeben. Ich schenkte zwei an Frau Husch und sende Dir die anderen. Haydn wurde »für ein Menuett« mit einem ganzen Ochsen bezahlt. Aber einem geschenkten Imi schaut man nicht auf die Mimi …
Heute rief mich auf der Straße eine Dame an, ob ich es wäre. Die Frau von dem Komiker Drexler, der in meiner Operette mitspielte. Ich führte sie wegen Engagement ihres Mannes, der noch in Berlin auf Entnazifizierung wartet, im Gärtnerplatztheater ein. Zum Dank schenkte sie mir 20 Camel und für Dich ein Paar Strümpfe. Ist das nichts?
Zahlreiche Küsse!
Euer Edi

[München,] 10.6.47

Geliebte Oberkadse!
... Ich war gestern nach dem Presseempfang bei Scharnagl noch bei Eva L'Arronge, habe ihr eine Brotmarke zugeteilt. Da wir noch mehr Brot bekommen, komme ich aus.
Den Oberbürgermeister habe ich rangekriegt wegen Wohnung und bat ihn um Empfehlung. Ich soll ihm einen Brief schreiben, den wird er persönlich dem Wohnungsamt geben. Der Umweg über die Amis wäre gar nicht nötig. Ich lasse nun von Frau Vogl[1] schreiben und lege ein Heft »Märtyrer«[2] bei, das ich mir im Drei-Fichten-Verlag holte. Die andern sind noch nicht da. Sollen kommen.
Viele Leute bei Scharnagl: Prof. Hans Ludwig Held[3] mit langem Vortrag, Wolfgang Jacobi[4], Walter Panofsky[5], Rolf Flügel[6], Dr. Heß vom »Mittag«, Frau Gehrke von der Neuen Zeitung, Eberhard Hanfstaengl[7], Dr. Dahlmann[8], Solti, der mich mit der Linken in der Tasche begrüßte, worauf ich wie erstarrt diese anstierte, da zog er die Hand langsam und verschämt heraus; Staatssekretär Dr. Dieter Sattler fragte ich nach seinem Empfehlungsschreiben. Er wußte von nichts, schaute hilflos nach Dr. Kaim aus und notierte sich schließlich den Fall in ein Büchel.
Heute amerikanische Musik, da seh ich wohl alle diese Leute wieder.
Donnerstag Berliner Philharmonie mit Celebidache hier. Freitag auch. Schöne Programme. Samstag Premiere bei Hurrle: Tanzabend.

---

[1] Frau Vogl besaß als Schaubudensekretärin eine Schreibmaschine!
[2] »Märtyrer« hieß mein erstes Gedichtbändchen, von Nicki zu Recht als Heft bezeichnet.
[3] Prof. Hans Ludwig Held, Stadtbibliotheksdirektor in München
[4] W. Jacobi, Komponist, für den ich einige Jahre später zwei lange Choräle aus dem Alt-Italienischen ins Deutsche übersetzte.
[5] W. Panofsky, Kunstkritiker;
[6] Rolf Flügel, Schriftsteller.
[7] Hanfstaengl, Generaldirektor der Bayerischen Staatsgemäldesammlung.
[8] Dr. Dahlmann, Feuilletonchef der »Süddeutschen Zeitung«, seine Frau war eine dramatische Rezitatorin und mir, bzw. meinen Gedichten sehr zugetan.

Jetzt zur Neuen Zeitung. Hab fürs »Münchner Tagebuch« noch was verfaßt über »Pfeifen im Theater«.
Die Geschwister Höpfner getroffen, die dürfen jetzt wieder und gehen auf Tournee.
Mit einer Wucht von Küssen
Euer E. J.[1]

[München,] 14.6.47

Katja, ich fahre also morgen, Sonntag, um 8 Uhr früh nach Stuttgart.[2] Sprach heute noch [Carl] Orff, der nicht hinfährt, weil er höchst verstimmt über die Schlamperei ist.

Am Wohnungsamt wurde ich nett empfangen und dann auf 14 Tage vertröstet. Ich gehe trotz allem nächste Woche – Samstag ist geschlossen – zu Walter Behr, da ich jetzt die vier Schreiben beisammen habe: Dr. Dieß, Generaldirektor der Staatstheater; Dr. Sattler, Staatssekretär; Hurrle und Cronauer, Referent im Kultusministerium.

Habe soeben die Furtwängler-Kritik fürs »Münchner Tagebuch« verfaßt. Die [Lotte] Enderle, die mich gestern bat, sie zu besuchen, legte mir nahe, in der Neuen Zeitung auf eine Furtwängler-Kritik zu verzichten, damit nicht wieder so ein Krach entstünde wie bei Knappertsbusch. Na bitte, herzlich gern. Es ist schwer genug, für zwei Zeitungen Dasselbe verschieden zu beschreiben.

Es kommen unausgesetzt Leute, die was wollen. Hilde B. schickte einen Sachsen, der aus Freiberg ist und in Rosenheim studieren will. Ich war mit ihm bei Wolfgangs[3] Sekretärin.

Segen über Eure Häupter! Ich knudle Euch!
Euer N.

---

[1] E. J. war eine Blödelunterschrift von Nicki: Edmund Josef.
[2] Dort fand am Württembergischen Staatstheater die Uraufführung von Carl Orffs »Bernauerin« statt.
[3] Wolfgang Jaenicke sollte als Staatssekretär für das Flüchtlingswesen irgendwie dafür sorgen, daß dieser uns fremde Flüchtling aus Sachsen in Bayern studieren könne. Nicki setzte sich immer, wo er nur konnte, für andere ein.

[München,] 1.7.47

Ihr!
Habe 100 »Märtyrer« vom Drei-Fichten-Verlag geholt, schicke hier 25 Hefte.
　Heute um viertel 10 Uhr bei Mr. Evarts.[1] Goldig. Paket von Toni Dehn aus USA übernommen, heim, aus- und wieder für Euch eingepackt.
　Um halb elf im Theater. Zwei Tenöre sangen mir allein vor. Mittags bei Eva L'Arronge. Dann zur Zeitung. Um halb 7 Konzert mit Eugen Jochum. Es ist jeden Tag etwas. Viel Post, meist Verleger.
　Nicht verzagen. Der Gott, der Eisen wachsen ließ – der wird auch mich kleiden ...
　　　　　　　　　　　　Euer müder, aber froher Nicki

[München,] 3.7.47

Kinder! Ich habe für uns drei Karten zu Kästner[2] und zu Orffs Bernauerin.
　... Ich sende alles, was ich an Marken habe, es ist noch Fleisch und Brot dabei und Kartoffeln, die man hier nicht bekommt.
Küsse Euch sehr!
Alles weitere mündlich!
　　　　　　　　　　　　　　　Stündlich Dein Nicki

M., 14.7.47

Liebe Mietzekatzen!
Ich werde wohl erst Samstag zu Euch hinauskommen. Ich muß einen Artikel, den letzten, für die Neue Zeitung fertig machen, er muß gut werden. Und am Freitag hat der nette Mr. Evarts seinen Abend, zu dem er mich gestern besonders einlud, mündlich und schriftlich.
　Dr. Dahlmann schlug mich für einen Chanson-Artikel breit. Er ist Chef der Süddeutschen [Zeitung] und sehr wichtig, da möchte ich

---

[1] Ein Amerikaner bei der UNRRA
[2] Am 5. Juli 1947 las Erich Kästner aus eigenen Werken im Festsaal Sophienstr. 6.

nicht nein sagen. Er will die »Märtyrer« besprechen, ich sende sie ihm. Er ist »begeistert von Familie Nick«, wie er sagte; was würde er erst verlautbart haben, wenn er unsere Oberkatze kennte!

Heute um halb vier zu Hurrle. Fee hat scheinbar vergessen, daß wir für jetzt, Montag 2 Uhr, verabredet sind – Es läutet. Sie ists –
                Kuß N.

Hier folgt wieder ein Brief meiner Mutter an meinen Vater, vom gleichen Tag:

              Lenggries, am 14.7.1947

Mein Liebling!
Hier sind meine Brotmarken für das angemeldete Mehl unten bei Deiner Brotfrau. Ich versuchte es hier zu bekommen, das ging aber nicht. Muß diese Woche geholt werden.

Fahre morgen mit Dagi nach Tölz: Es sind 7 Pakete aus der Schweiz da! Alle werden wir nicht fortbekommen. Da muß ich eventuell noch mal mit Dir hin. Hurrah!

Riedes[1] sagten, man müsse sein gehabtes und verlorenes Hab und Gut aufschreiben. Formulare bekommt man in der früheren Reichsbank beim Regina Palasthotel. Es ist vielleicht schon zu spät? Ob Du die Formulare noch besorgen kannst?

Wann kommt mein Schatz?
        Sei umarmt und geliebt von Deiner Alten.

Zum Verständnis des folgenden Briefes: Ich hatte wohl meinen Vater gefragt, ob ich ein Gedicht zum Abdruck ans »Karussell« schicken soll. Inzwischen schwirrten aber so viele Gedichte von mir durch die Zeitungen, daß die diversen Redaktionen sie von dort übernahmen, abdruckten und mich anschließend mit einem Beleg plus Honorar überraschten. Im Laufe der Zeit gewöhnte ich mich daran, wie das alles so »von selber lief«, was mir letztlich nicht gut bekam, da ich nicht den geringsten beruflichen Ehrgeiz entwickelte.

---

[1] Erich Riede, Dirigent und Komponist, verheiratet mit der Opernsängerin Nora Slevogt, einer Nichte von Max Slevogt.

[München,] 15.7. [1947]

Mein Schnauzi!
Also von wegen Abdruck im »Karussell« – da brauchst Du gar nichts zu machen, das geht jetzt alles von janz alleene. Ich freue mich über die »Fähre«.[1]
Ich will Samstag mittag zu Euch kommen, wenn alles klappt. Dann aber auf vier Wochen.
Hier bissel Mais für die kommenden Hungerjahre.
Mit einer Kollektion süßester Bussis auf die Schnauzi –
Euer Bauzi.

Einige Sommerwochen verbrachte mein Vater mit meiner Mutter und mir in Lenggries und erlebte mit, welcher der vielen Männer, die mir auf meine Gedichte hin Briefe schrieben, mich am intensivsten beschäftigte: Robert Schnorr. Er schrieb aus amerikanischer Gefangenschaft und zwar aus Dachau und seine Briefe waren nicht nur mit zahlreichen Zensurstempeln versehen, sondern schienen überdies in einem chemischen Bad gelegen zu haben, das sah man ihnen auch als Nicht-Kriminologe an. Ich fand das verdächtig. In Dachau saßen bloß noch Kriegsgefangene, die der Spionage angeklagt waren oder schwerwiegende Kriegsverbrechen begangen hatten. Nun arbeitete damals eine Cousine meiner Mutter bei der amerikanischen Militärregierung als Sekretärin, und sie fragten

---

[1] »Die Fähre« war eine 1946 gegründete Literaturzeitschrift, die monatlich erschien und im Juni 1947 unter der Redaktion von Hans Hennecke ein »Sonderheft junge deutsche Dichtung« vorlegte mit dem Untertitel »Thomas Mann gewidmet zu seinem 72. Geburtstag«. Da stand ich mit zwei Gedichten zwischen Wolfgang Borchert, Wolfgang Lohmeyer, Stephan Hermlin, Gerhard Prager und Wolfgang Bächler, die später alle ihren Namen in der Literaturgeschichte verankerten. Die Auflage betrug 20.000, also war es kein Wunder, wie schnell man damals bekannt wurde. Ein Wunder allerdings war die Auflagenhöhe, von der man heute in dieser Zeitschriftenbranche nur träumen kann, und dies in einer Zeit, in der laut einer Meldung vom 4.3.1947 in der »Süddeutschen« die amerikanische Zulassungsbehörde feststellte: Die Versorgung der 86 in Bayern bestehenden Verlagsunternehmen mit Papier sei nicht ausreichend und neue Lizenzen könnten nicht erteilt werden. Die Papierzuteilung für bayerische Verleger betrage zur Zeit weniger als 100 Tonnen; weitere Einschränkungen seien durchaus möglich.

wir, ob sie über den Schnorr, der so hochgebildete, poetische Briefe schrieb, etwas Näheres erfahren könne.

Sie antwortete am 18.8.1947 nach München, »daß er noch als Kriegsverbrecher festgehalten wird und seit Monaten im Bunker sitzt, aber wahrscheinlich im September entlassen wird.« Ein Kriegsverbrecher konnte meiner Meinung nach nur ein alter Nazi sein, aber dieser Mensch war als Achtzehnjähriger an die Front gekommen und nur vier Jahre älter als ich – was konnte er verbrochen haben? Wer in Dachau im Bunker saß, das wußte man, saß dort nur so lange, bis die Amerikaner den Fall »geklärt« hatten. Im Fall Schnorr lautete die Frage: Wieso trug er bei seiner Gefangennahme in Frankreich eine nicht ganz vollständige amerikanische Uniform mit amerikanischen Militärpapieren? Wieso sprach er fehlerfreies Englisch, aber ohne amerikanischen Akzent? Sein Vorname auf den falschen Papieren lautete Amato, sein Aussehen war italienisch, er konnte das Kind von Eltern sein, die nach den Staaten ausgewandert waren. Wieso war er der Sohn eines Engländers, der den deutschen Nachnamen Schnorr trug? Sein Bericht über die letzten Tage vor seiner Gefangennahme klangen derart phantastisch, daß man kein Wort davon glauben mochte. Kurz: Mitte Dezember 1944 wurde von den Deutschen noch ein letzter Versuch gemacht, die Alliierten im Westen aufzuhalten. Es wurde die Ardennen-Offensive gestartet. Zur Unterstützung dieses reichlich aussichtslosen Planes wurden einige perfekt englisch sprechende Soldaten ausgewählt, die man in mehr oder weniger korrekte englische oder amerikanische Armeeuniformen kleidete und hinter der Frontlinie absetzte, um die Alliierten »abzulenken«, bzw. »irrezuführen«. Der Effekt war gleich Null. Und Robert Schnorr, der sah, daß der Krieg sehr bald zu Ende sein und er selbst in Gefangenschaft geraten würde, nutzte die Gelegenheit, schleunigst zu desertieren. Er beschloß, sich selbst zwei Befehle zu schreiben. Der erste fiel ihm schwer, denn er betraf die Beschlagnahme eines Motorrads, das einem französischen Dörfler gehörte; der zweite lautete: damit bis nach Marseille zu fahren. Dort gedachte er, sich an Bord eines Schiffes nach Bombay zu schmuggeln, wo ein Onkel von ihm wohnte. Tatsächlich kam er bis Marseille, wurde allerdings am hermetisch abgeriegelten Hafen als verdächtig herumlungernder amerikanischer Soldat geschnappt und für einen Spion gehalten. Seine Odyssee durch verschiedene amerikanische Kriegsgefangenenlager, mit Einzelhaft und nächtlichen Verhören übelster Art, gehört *nicht hier her. Nur so viel: Am 13. September 1947 wurde er, nach Klarstellung aller Sachverhalte und unter größten, wahrhaft herzlichen Entschuldigungen des amerikanischen Militärrichters aus Dachau entlassen.*

Den folgenden Brief schrieb mein Vater auf die Rückseite des Schreibens der mütterlichen Cousine:

[München,] 19.8.47

Ihr Lieben!
Wegen einer impotenten Lokomotive stand der Zug anderthalb Stunden in Sauerlach. Ankunft daheim: 0.30 Uhr ...

Im Theater [Staatsoperette] endlose Probenbesprechungen. Rothärmel erhielt den offiziellen Auftrag, mich einzukleiden. Frack! Morgen werde ich dem Orchester vorgestellt.

Für die Schaubude vorläufig nur ein Text von Hellmuth Krüger. Kästner in Berlin. Schündler verzweifelt.

Seid umschlungen!

In viel Liebe N.

Erschöpfung wird spürbar

Um diese Zeit, im Sommer 1947, wurde das fünfte Schaubuden-Programm vorbereitet und es schien, als wäre aus dem Kabarett-Ensemble schon etwas »die Luft raus«. Ein Programm wie das Letzte würde es kaum mehr geben. Die großen Themen, die uns bewegten, waren bereits dargestellt: gesungen, gesprochen, in Sketchen gespielt. Erich Kästner hatte mit der Redaktion der »Neuen Zeitung« übergenug zu tun und war oft in Berlin. Rudolf Schündler liebäugelte bereits mit irgendwelchen Leuten vom Film, um dort Regie zu machen. Otto Osthoff redigierte seine Kabarett-Hefte und träumte von einem eigenen Theater. Und mein Vater hatte jetzt fast nur noch die Staatsoperette im Kopf, schließlich war er dort als Chefdirigent angestellt.

Die Texte für das neue Schaubuden-Programm wurden hauptsächlich von Hellmuth Krüger, Herbert Witt und Axel von Ambesser geliefert. Erich Kästner steuerte nur einen Sketch bei und ein kleines Lied, das Mark Lothar vertonte. Von Nicki gab es außer dem »Musikalischen Auftakt« bloß drei Kompositionen: ein Lied von Friedrich Bischoff, das längst bestand, und zwei Chansons von Hellmuth Krüger für Ursula Herking und Bruno Hübner.

Der folgende Brief stammt wieder von meiner Mutter, einen Tag nach ihrem 58. Geburtstag geschrieben. Darin zählt sie vor allem auf, wer alles an sie und mich geschrieben hat wegen meiner Gedichte, von denen es damals ja erst eine kleine Anzahl gab, die aber offenbar die Leser sehr berührten.

Lenggries, am 25. 8. 1947

Geliebtes!
Heute schon wieder endloser, sehr netter Brief mit Gedichten von einem *Neuen* aus Hamburg. Dagmar antwortet bereits. Der »Verrückte« von neulich schickte ihr ein Buch von Rilke mit einer ei-

genhändigen Widmung des Dichters![1] Er ist Medizinstudent, selber lungenkrank, hat links einen Pneu und schreibt eigentlich sehr nett, wenn auch manchmal eben vollkommen verrückt und unverständlich. Die Menagerie wächst ins Gigantische.

Sei umarmt von Deiner 8 und 5 zigjährigen.

M., 26.8.47

Geliebtestes!
Das war heute ein Hin und Her: Wohnungsamt Ost. Der Mann, der mich behandelt hatte, beurlaubt! Sein Vertreter wußte von nichts und schickte mich aufs Hauptwohnungsamt. Dort ging ich aber nicht hin, sondern fuhr gleich zu L., den ich zufällig traf – eigentlich hat er auch Urlaub. L. schrieb mir eine neue Empfehlung ans Wohnungsamt Ost. Also dorthin zu einem Inspektor F. Der will von sich hören lassen. Ich bin jetzt zweimal vorgemerkt.

Berlin will im Metropoltheater mein »Halsband der Königin« machen: Arthur Maria Rabenalt, der schon »Dreimal die Eine«[2] verpatzte. So lautet ein Telegramm des Verlages. Was tun?

Habe an Frau Dahlmann Dagys »Märtyrer« geschickt, sie will daraus rezitieren.

Ich küsse Euch Zwei!

Euer Nickerle

[München,] 27.8.1947

Geliebte Katze!
Also wir sind vom Wohnungsamt Ost nach West überwiesen worden, schreibt heute die Zentralstelle. Ab 1. September soll ich dort nachfragen. Das ist die Aktion Scharnagl, dem ich ein paar Zeilen schrieb.

---

[1] Dieses Rilke-Buch habe ich leider eines Tages verborgt und nie wieder zurückbekommen.
[2] Ein Lustspiel von Per Schwenzen mit Nickis Musik, das einst in Berlin im Theater am Kurfürstendamm gespielt wurde.

... Unter mir wird entwanzt. Ich schreibe in schwefelblauen Dämpfen, die sich auf die Brust legen.
Dagi: Ein »Märtyrer« ging an Dr. Dahlmann. Seine Frau ist Rezitatorin, will einmal im Auto nach Lenggries hinauskommen. Er will Dich auch kennenlernen.
Jetzt zur Premiere »Land des Lächelns«. Die Millradt will abspringen, wir [in der Staatsoperette] haben heute eine neue gehört, die wir haben wollen. Bin nach der Vorstellung bei Hurrles. Viel Ärger: Harfe kaputt, keine Baßtuba, Korrepetitoren im Kampf gegeneinander etc.
Seid um- und verschlungen vor lauter Lia-lia-beh!
Euer Alter

[München,] 28.8.47

Meine Gesüßten!
Umstehend findet Ihr das Inhaltsverzeichnis von Edith Cohns[1] achteinhalb-Kilo-Paket. Ich habe mächtig geschleppt, man mußte weit gegen Pasing fahren und laufen.
Kretzschmar[2] könnte erst am 8. September da sein. Vielleicht dirigiere ich am 1.9. »Frühlingsluft«. Ich habs oft genug gesehen.
Viele tausend Küsse Eures Edi

M., 2.9.1947

Kinder, heute war die Generalprobe und abends »Die Goldene Meisterin«. Von Rothärmel in allen Stilarten sinnlos ausgestattet. Ab morgen muß ich die Arbeit eindämmen. Ich mach mich ja verrückt mit dem Hin und Her zwischen den Theatern.[3] Zu Hause bin ich nur noch früh und abends. ... Von der Schaubude kam die 2. Strophe des Kästnertextes [Die Vertreibung in das Paradies]. Na, er hat schon Stärkeres geschrieben.

---

[1] E. Cohn, Schwägerin meiner Mutter, die nach Schweden emigrieren konnte.
[2] Kretzschmar, 2. Kapellmeister an der Staatsoperette
[3] Die Staatsoperette war damals in einer »Notunterkunft« in der Schornstraße in Giesing untergebracht und die Trambahnverbindung dorthin schlecht. Der Wiederaufbau des Gärtnerplatztheaters sollte noch bis zum Sommer des folgenden Jahres dauern.

Heute Senkung und Blutbild gemacht worden.[1]
Nun gute Nacht: »Fort im Schwung, trefft mich in der Dämmerung!«

Euer Oberkater

Hier schiebe ich den Ausschnitt einer Glosse von Axel Ivers ein, die ich im 5. Heft »Das literarische Kabarett« von 1947 entdeckte, die dem Leser die prekäre Ernährungssituation auf anschauliche Weise vor Augen führt. Sie lief unter der Überschrift: Eßt mehr Zement!

Wir Deutsche sind heute auf kleinstem Raum zusammengedrängt und trotzdem durch eine glückliche Schickung in der Lage, unsere Ernährung vom Auslande völlig unabhängig zu gestalten. Unsere Fabriken arbeiten unermüdlich an der Aufbereitung der anfallenden Zementernte; unsere Vorratssilos sind gefüllt; gebieterisch erhebt sich darum die Forderung für uns, mit dem uns verliehenen Pfunde zu wuchern.

Ich schließe mit einem Appell an die Vernunft:
Deutsche, eßt deutschen Zement!

(Aus der Ecke für die Hausfrau in der »Badischen Landpost«, Weihnachten)

Neue Zementrezepte

Gebackene Zementschnitten:
Ein halbes Pfund Zement, ein viertel Liter Wasser, eine Prise Salz. Gut verrühren, mit den Händen einen Laib formen und etwa zwei Tage stehen lassen, damit der Teig schön locker wird. In Scheiben schneiden und in einer Pfanne mit wenig Fett kurz anbraten.

Zementauflauf:
Zehn Gramm Milchpulver mit einem viertel Liter Wasser anrühren und aufs Feuer bringen. Sobald es zu kochen beginnt, in die sprudelnde Masse teelöffelweise 62,5 Gramm Zement träufeln. Der fertige Brei kann auch mit Früchten garniert werden.

---

[1] Nicki war trotz aller Pakete, die wir aus dem Ausland erhielten, noch immer erschreckend mager und hoffte, durch die Ärztin ein paar zusätzliche Lebensmittelmarken verschrieben zu bekommen.

Falscher Kater:
Ein altes Maisbrötchen wird eingeweicht. Dann in trockenem Zement gewälzt, bis die Masse nichts mehr annimmt. Jetzt wird der falsche Kater in den Bratofen geschoben, wo er so lange verbleibt, bis er aufgegangen ist. Man serviert ihn mit Hefeflocken und einem kleinen Hackbeil.

(DENA-Meldung vom 3. Januar)

Aus Aschersleben kommt die überraschende Nachricht, daß es zwei internationalen Forschern gelungen ist, Zement auf synthetischem Wege herzustellen. Der deutsche Nahrungsmittel-Chemiker Justus Beliebig und der belgische Analytiker Professor Chamotte-Fouque haben ein Verfahren entwickelt, das es gestattet, Zement in beliebiger Menge im Laboratorium zu erzeugen. Der Ausgangsstoff ist Kesselstein, wie er bei Reinigung von Lokomotiven und Maschinen so reichlich anfällt. Wie die Entdecker mitteilen, ist der künstliche Zement von unbegrenzter Haltbarkeit, während sein Gehalt an Nährstoffen den von natürlichem Zement noch übertrifft. Ein Kilo synthetischer Zement soll 2000 Kalorien entsprechen. Die Nahrungsmittelchemie steht vor einer umwälzenden Tatsache.

Durch die Ärztin bekam mein Vater dann tatsächlich eine einmalige Extraration von 600 Gramm Fett zugeteilt – allerdings erst nach einer Wartezeit von drei Monaten. »Fett« war freilich nicht gleichbedeutend mit Butter, man konnte sich das nicht aussuchen, sondern mußte nehmen, was es gerade gab, das konnte auch Rindertalk sein, Kokosfett oder Margarine. Da uns damals pro Monat nur 200 Gramm Fett zugeteilt wurden, also weniger als 7 Gramm pro Tag, erhielt unser Nicki nun zusätzlich 20 Gramm. Zum Dickwerden reichte das nicht aus, aber er war selig.
Angeblich bekamen Opernsänger, die zweifellos unter den Bühnendarstellern körperlich am stärksten gefordert waren, höhere Lebensmittelrationen. Ich weiß es nicht. Ich fand aber im »Münchner Tagebuch« vom 14. Juni 1947 einen Artikel, in dem es hieß:
Wissenschaftliche Messungen haben, wie der Münchner Schauspielregisseur Friedrich Domin als sozial denkender und fühlender Fürsprecher seines Standes jüngst in einer Konferenz der bayerischen Bühnengenossenschaft feststellte, ergeben, daß der Kraftauf-

wand des Schauspielers dem von Schwer- und Schwerstarbeitern gleichkommt. Schleunigste Abhilfe für die leibliche, wirtschaftliche und seelische Not der Bühnendarsteller, denen München seinen neuen Ruf als Theaterstadt verdankt, sei ein Gebot der Stunde, wenn man einen völligen Zusammenbruch dieser Hauptdomäne unseres Kulturlebens vermeiden wolle.

Zwar bekundete daraufhin das bayerische Kultus- und Ernährungsministerium volles Verständnis, erklärte aber, daß die behördlichen Stellen, die für Hilfsmaßnahmen solcher Art zuständig seien, außerhalb Bayerns, nämlich in Stuttgart ihren Sitz hätten ...

In den nächsten Briefen meiner Eltern wird wieder sehr ausführlich und begeistert vom Inhalt diverser Lebensmittelpakete berichtet, die uns aus dem Ausland erreicht hatten; darunter waren zwei von der Sängerin Dela Lipinskaja aus London und zwei von Kadidja Wedekind, der Tochter des berühmten Frank Wedekind, aus Amerika, die, bevor sie Deutschland verließ, eng mit meinen Eltern befreundet war. Daß mein Vater trotz seiner pausenlosen Arbeit noch jede Tafel Schokolade, jeden Brühwürfel und auch mal ein paar Schnürsenkel, die er erhalten hatte, in seinen Briefen erwähnte, lag einfach an der Tatsache, daß man nicht nur seit Monaten, sondern inzwischen seit Jahren solche Dinge nicht mehr kaufen konnte. Und meine Mutter berichtet, daß sie zweimal mit mir von Lenggries nach Tölz gefahren sei, da ich von der Stelle, die für die »Wiedergutmachung für die Verfolgten des Naziregimes« zuständig war, einen Bezugschein für Schuhe bekommen hatte: die erste Tour war vergebens, weil wegen einer Stromsperre an jenem Tag alle Geschäfte geschlossen blieben; die zweite Tour war ebenfalls vergebens, weil es in dem uns zugewiesenen Laden keine Schuhe in meiner Größe 35 gab.

Über die Schaubude gab es derweil keine weiteren Neuigkeiten, außer daß bis zum letzten Tag vor der Premiere – am 18. September – mein Vater Noten schrieb und Proben hatte, einmal sogar bis nach Mitternacht. Erich Kästners Couplet, von dem mein Vater meinte, er habe »schon Stärkeres geschrieben«, wurde nicht in dieses Programm eingebaut, sondern erst in das übernächste aufgenommen.

Der Empörer

Text: Hellmuth Krüger
Musik: Edmund Nick

Die Menschen haben kein Gewissen.
Das Fleisch ist teuer, das Gewissen schwach.
Damit sie das Gewissen nicht vermissen,
bin ich vom Morgen bis zum Abend wach.
Und wo ich Ungerechtigkeit erkannte,
stell ich als Mann gleich meinen Demokrat.
Ich schreib den Zeitungen das »Eingesandte« –
das offne Wort dort, das ist meine Tat.
Ich gehe vor, ich decke auf, ich stelle fest,
ich geb dem Rest der braunen Pest den Rest.
Ich bin die flammende Empörung,
soweit Empörung noch erlaubt.
Drum ist die Flamme der Empörung
dem Strom entsprechend kleingeschraubt.

Verspätet sich ein Brief um sieben Wochen,
parkt wo ein Auto aus Vergnügungssucht,
hat einer preußisch in der Bahn gesprochen,
vergißt der Flüchtling, daß er auf der Flucht,
gibt's bei der Schulspeisung nur grüne Bohnen,
pfeift jemand vor sich hin »Lilli Marleen«,
gibt's noch ein Loch, wo keine Menschen wohnen,
gibt's noch ein andres, wo sie Schlange stehn.
Ich gehe vor, ich decke auf, ich stelle fest,
ich frag, weshalb man das geschehen läßt!
Ich steh im Dienste der Erhellung.
Mein Tintenfaß schenkt reinen Wein.
Und habe ich auch keine Stellung,
so nehme ich doch Stellung ein.

Hat ein Minister mal die Hand gehoben
und sanft den deutschen Gruß gehaucht,
hat ein Parteimann sich Benzin erschoben,
weil er es für sein Feuerzeug gebraucht,
hat er gesagt, was uns die Amis können,
wobei er, *was* sie können, offen ließ,
hat er gesagt, was wir den Russen gönnen:

ein bodenreformiertes Paradies!
Ich gehe vor, ich decke auf, ich stelle fest,
ich überwache Nord, Süd, Ost und West!
Da meine Wirkung unerheblich,
mein neustes »Eingesandt« entstand:
Ich stelle fest, daß ich vergeblich
das Eingesandte eingesandt.

Ausschnitt aus dem Titelblatt des 5. Programms

Um auch das zweite Chanson, das Nicki für dieses Schaubudenprogramm komponierte, hier einfügen zu können, ist es vielleicht notwendig, den »Nachgeborenen« eine kleine Erklärungshilfe zu geben: Während der Nazizeit, vor allem während der Kriegsjahre, lebten wir in Deutschland abgekoppelt von jeglicher künstlerischer Entwicklung jenseits der Grenzen. Wir mußten erfahren, was »entartete Kunst« ist und mit ansehen, welche banalen, erbärmlichen Exponate nun unsere

»modernen« Bildergalerien und Museen füllten. Unsere komponierende oder malende Avantgarde hatte Berufsverbot oder bereits das Land verlassen. Auf unseren Spielplänen standen vorwiegend Klassiker, ein paar harmlose neuere Lustspiele und einige wenige zeitgenössische heroische Stücke. Es gab keinen Brecht und keinen Sartre, von einer philosophischen Richtung namens Existenzialismus hatte niemand etwas gehört. Umso umwerfender wirkte auf uns nun das, was plötzlich auf unseren Bühnen zu sehen war, die Stücke von Jean Anouilh, Jean Giraudoux, Eugen O'Neill, Paul Osborn, Jean Cocteau und T.S. Eliot – um nur einige zu nennen. Zwölf Jahre lang hatten wir Sophokles und Euripides ehrfürchtig »im antiken Gewande« gespielt. Jetzt erlebten wir die Neugestaltung griechischer Tragödien in modernem Milieu, in unserer heutigen Sprache, Antigone im zickigen Abendkleid, Eurydike in einer mondänen Hotelbar, Amphitryon in der Kluft eines Motorradfahrers. Für die meisten von uns war das ein gelinder Schock, zumindest gewöhnungsbedürftig. Einen eigenen jungen Bühnenschriftsteller konnten wir freilich noch lange nicht präsentieren. Es gab keinen. Und weil wir darüber doch reichlich fassungslos waren, schrieb Hellmuth Krüger das Chanson:

ELEKTRAS KLAGE

Text: Hellmuth Krüger
Musik: Edmund Nick

Heraus auf eure schattenreichen Bretter
zerrt ihr Elektra, mich, das arme Stück!
Ihr jagt mich durch die Spalten eurer Blätter,
vollendend der Atriden Mißgeschick.
Was ich als Urgefühl im Busen spürte,
die Leidenschaft voll flammender Gewalt,
zeigt ihr als psychoanalyseszierte
verwildert anouilhierte Mißgestalt.
Man faßt mich auf, man faßt mich an,
man hat's mit den Atriden.
Was hab ich armes Kind getan?
So laßt mich doch zufrieden!
Was Aischylos aus mir gemacht,
das müßte euch genügen,

denn schon was der hervorgebracht,
das waren lauter Lügen!
Mich schickte die Familie aus dem Hades,
sie meint, die wär genug dramatisiert,
und seit dem Königsmord während des Bades
sei ja bei euch auch allerhand passiert!
Laßt uns den Faltenwurf antiker Größe
und steckt uns nicht in Abendkleid und Breeches.
Versteckt nicht eure surreale Blöße
im Realismus eures Alltagskitsches.
Der Sophokles war ein Genie,
ein Zeus auf dem Theater.
Heut zeigt man mich voll Hysterie,
reif für den Psychiater.
Mich vergewaltigt Herr O'Neill
und auch Herr Jean Paul Sartre.
Versteht doch, daß ich Ruhe will!
Erspart mir weitere Marter!

Ihr werdet Lieschen Schulze nicht veredeln,
wenn ihr sie plötzlich Eurydike nennt!
Der Adel läßt sich nicht in Seelen fädeln,
in denen Eros nur elektrisch brennt!

*Schaubude, nach der Premiere von »Wir warnen Neugierige«
am 18.9.1947 verbeugen sich: (v.l.) Erich Kästner, Ursula Herking,
Bruno Hübner, Edmund Nick, Rudolf Schündler, Axel von Ambesser*

Ihr durftet ja in »großen Zeiten« leben,
man hat es euch doch oft genug erzählt.
Wozu sich noch dem Atreusfluch ergeben –
ihr habt euch euren Fluch ja selbst gewählt!
Elektra hin, Elektra her –
es gibt auch andre Damen.
Elektra trauert deshalb sehr,
hört sie von euren Dramen.
Drum brütet nicht in Griechenland,
setzt ihr euch an die Leier!
Bei Euch passiert auch allerhand:
legt eure eignen Eier!

Am Tag nach der Schaubuden-Premiere schrieb Rudolf Schündler folgenden Brief an meinen Vater.

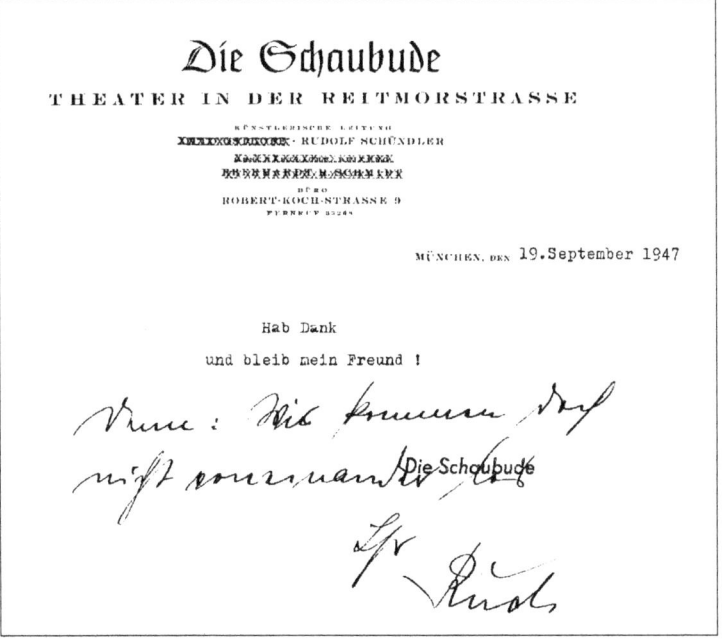

Brief Rudolf Schündlers auf dem Briefpapier der Schaubude (Auszug)

In der Staatsoperette wurde derweil die Premiere von Millöckers »Gasparone« geprobt, im ungeheizten Theater auf einer Bühne, die wegen Stromschwierigkeiten kaum beleuchtet war. Sänger und Orchestermitglieder probten in Wintermänteln. Nicki, der jetzt manchmal die Wochenenden bei meiner Mutter und mir in Lenggries verbrachte, schien ziemlich überanstrengt, zumal er nebenbei immer noch Kritiken und Artikel für Zeitschriften schrieb und etwas für das nächste Schaubudenprogramm komponierte.

Donnerstag, 30.10.47

Mein Gutes!

Ich habe mich einen Tag ins Bett gelegt, weil mir schon gestern früh auf der Probe so mies war. Die Kälte und Finsternis auf der Bühne drücken sehr auf die Stimmung. Ich war zerschlagen und dachte, es wird eine Grippe sein. Legte mich um 2 ins Bett, fror aber noch um 5, trotz der Bauernzudecke von Frau Husch, dann nahm ich irgendein Grippemittel und Phanodorm. Heut geht's viel besser. Ich hatte zwar keine Angina pectoris, aber das Herz muckerte. Ich hatte sicher auch Fieber. Wieso?

Ich blieb also heute liegen. Aber ich hab keine Ruh. Erst kam Bruening[1] um Noten, weil sie zu Allerseelen in der Schaubude ein ernstes Programm geben müssen und das »Ringelspiel« und »Dernier cri« und anderes wieder aufwärmen – mit teilweise neuer Besetzung – wird ein schöner Salat werden! Dann erschien Kretzschmar[2], um mir einen »Krankenbesuch« zu machen. Frau Husch kümmert sich in rührendster Weise nicht um mich, aber sie hat mir Tee gekocht und mittags einen Brei gerührt. Also doch: rührend!

Jetzt ist Nachmittagsstille, ich miste im Bett aus und erledige Liegengebliebenes oder lese Libretti. Ich sehne mich sehr nach Euch. Lebt wohl, ich küsse die Frau und die Braut, den Bräutigam[3] frikassiere ich, bleibt mir gut.

Euer Schnauzibauzi

---

[1] Bruening war der 2. Mann am Klavier in der Schaubude.
[2] Kretzschmar der zweite Kapellmeister an der Staatsoperette.
[3] Mit Bräutigam ist Robert Schnorr gemeint, der am 13. September, am Tag seiner Entlassung aus der amerikanischen Gefangenschaft, bei mir in Lenggries auftauchte, und von uns dreien sofort wie ein verlorener Sohn aufgenommen wurde. Von »Bräutigam« konnte freilich noch keine

M., 20.11.47

Geliebte Katja!
... Du sollst Dich überhaupt nicht um mich sorgen. Es geht mir gut. Was glaubst Du, was mir Kadidja alles schickte! Ein Pfund Kaffee, Fleischdosen, Milch- und Eipulver. Eine Tafel Schokolade bring ich Euch mit, eine aß ich. Die Proben sind anstrengend, ich stochere[1] von 9–12 täglich in der Luft herum. Also nächste Woche Donnerstag Generalprobe von »Gasparone«, Freitag mein Debut. Morgen dirigiert Hermann Scherchen.
 Laßts Euch gut gehen.
Innigst immer Euer N.

M., 8.12.47

Katharina! Dagmar! Robert!
Kommt alle herbei, die Ihr nicht selig, aber noch nicht beladen seid! Gertrudis[2] schickt uns aus Basel einen Gutschein über 20 Franken. Wir können uns hier in einem Laden in der Residenzstraße dafür aussuchen, zum Beispiel: 1 kg Butter für 10.-Fr., 1 kg Schweineschmalz 8.- oder 1 kg Kaffee 4.-, 1 kg Zucker 1,50. Ich würde am liebsten nur Zucker kaufen. Also Katja muß herkommen und aussuchen. Es gibt auch Schinkendosen, Orangenkonfitüre, Tee, Pfeffer, Backpulver, Seife, Sardinen – was Ihr wollt! Von Shakespeare.
 Moment: Es fehlt noch der Gutschein selber, der einem Grenzgänger mitgegeben wurde, der ihn als Einschreiben schicken soll. Ich hab nur die Liste von Gertrudis.
 Ich hab heute frei und instrumentiere.
Kuß! Kuß! Euer Nicki

[München,] 16.12.47

Meine Katzen!
Ich bin ganz aufgeregt, ich soll die »Nacht in Venedig« musikalisch

> Rede sein, aber unser Nicki wurde doch ein bißchen eifersüchtig, daß ihm da ein so ungewöhnlich gebildeter, geistreicher Mann plötzlich Konkurrenz machte.

[1] Das heißt: dirigieren
[2] Ehemalige Gesangsschülerin meiner Mutter.

bearbeiten und Hurrle würde mir 5% bezahlen. Das ist ein mächtiges Geld, und viel Arbeit hätte ich kaum, denn ich bin entschlossen, den Johann Strauß ziemlich ungeschoren zu lassen. Die üblichen Kürzungen und Kleinigkeiten haben Korngold, Leitner und andere Bearbeiter schon ausprobiert; ich denke, das wäre eine leicht zu verdienende Tantieme. Denn als Kapellmeister muß ich dann doch allerhand rumbasteln an so einem Stück, da ist es schon besser, ich krieg es bezahlt.

Unser Tenor schenkte mir ein großes Stück eines Hammels. Zwei Koteletten ließ ich mir von Frau Husch abbraten. Das andere, für uns vier gut reichend, liegt auf Eis und ich bringe es Samstag nachts mit.

Bin müde und mache morgen keine Probe.

In Liebe Euer N.

Ein Ensemble zerfällt

Am 7. Januar 1948 sollte das neue Schaubudenprogramm starten und wie immer vor diesen Premieren stand das Ensemble, das nie aus den gleichen Schauspielern bestand, unter extremem Druck. Es wurde ja nicht bloß bis zum letzten Augenblick geprobt, manchmal kamen auch noch wenige Tage vor der Premiere neue Texte hinzu, die schleunigst einstudiert werden mußten. Bei Erich Kästners Chanson »Die lustige Witwe« fehlte am 5. Januar noch die dritte Strophe, während Nicki die ersten beiden bereits komponiert hatte. Eigentlich war dieses Chanson für Ursula Herking bestimmt, doch die hatte das Ensemble verlassen, so daß man für sie Gisela Fackeldey engagierte.

Das Ensemble war zu keiner Zeit klein gewesen und zu keiner Zeit fragte jemand, ob die Gagen für die hochrangigen Schauspieler eigentlich durch die Abendeinnahmen gedeckt waren. Zwar wurde jedes Programm der Schaubude, die über 670 Plätze verfügte, von 50.000 Menschen gesehen, und zwischen den einzelnen Programmen wurde das Theater an andere Bühnen für Gastspiele vermietet – aber reichte das? Wahrscheinlich wußte nur Rudolf Schündler von den Schulden, die auf seinem Unternehmen lasteten, und so verkündete er mit einem ernsten und einem zwinkernden Auge den vielsagenden Titel seines nächsten Programms: »Das fängt ja gut an.«

Die Vertreibung in das Paradies

Text: Erich Kästner
Musik: Edmund Nick

(Der reiche Lazarus übergibt seinem Chauffeur den steifen Hut, Hornbrille, Aktentasche und Paletot und übernimmt dafür einen Sepplhut und eine Gitarre. Der Chauffeur geht ab. Der reiche Lazarus singt, auf der Gitarre zupfend.)

Früher legten sich die Räuber hinter Büsche
und dann fielen sie über unsereinen her.
Heute gibt es diesbezüglich keine Büsche
und auch Räuber brauchen wir schon lange keine mehr.
    Denn das Geld, das wir verdienen
    in der Städte Schutt und Dreck,
    holt sich alles das Finanzamt,
    holt sich das Finanzamt weg.
Ich bin der reiche Lazarus,
hab geschuftet, da wackelt die Wand.
Es muß nicht sein, was nicht sein muß,
nun hab ich's satt und mache Schluß.
Ich bin verrückt, ich geh auf's Land.
Streif durch Wälder, lieg in Wiesen,
schau den Gänseblümchen zu,
das Finanzamt laß ich grüßen,
das mir diesen Weg gewiesen,
endlich hat die liebe Seele Ruh.

Tüchtigkeit ist teuer und auf Fleiß steht Strafe,
gute Menschen brauchen nur ein Taschengeld.
Laßt die Böcke laufen, aber schert die Schafe,
denn Gerechtigkeit muß sein auf dieser schönen Welt.
    Büsche, Räuber, Geld und Liebe,
    mit der Zeit wird alles knapp,
    drum gewöhne das Finanzamt
    uns auch noch die Arbeit ab.
Ich bin der reiche Lazarus,
wenn die Herren nicht wollen, 's muß ja nicht sein.
Nun hab ich's satt und mache Schluß,
es muß nicht sein, was nicht sein muß.
Ich geh aufs Land und puppe mich ein,
nähre mich von Wildgemüsen,
leb gesund wie Pfarrer Kneipp,
das Finanzamt laß ich grüßen,
das mir diesen Weg gewiesen.
Das Finanzamt sei gepriesen,
grüßt auch den Kontrollrat und mein Weib.

(Er geht gitarrespielend ab, singt dazu: plem, plem)

FROMMER WUNSCH

Text: Hellmuth Krüger
Musik: Edmund Nick
(Männer-Terzett)

I.
Einer muß es schließlich sagen:
diese Schande ist zu groß,
denn kein Abzeichen zu tragen,
ist ein bitteres deutsches Los!
Ich bin hin- und hergerissen,
wenn mich wer am Rockknopf packt,
dann schweb ich im Ungewissen:
mein Revers ist völlig nackt.

Das ist kein Zustand für deutsche Männer,
dagegen gibt es nur Protest, Protest!
Heil dem Kontrollrat, Heil ihm, wenn er
uns wieder Abzeichen im Knopfloch tragen läßt!
Man geb uns einen kleinen Knopf,
ganz ohne Kreuz und Stern,
und sei darauf auch Semlers Kopf[1]
– wir tragen alles gern!
Die Farbe ist uns einerlei,
ob klein er oder groß;
doch das ist eine Schweinerei,
daß wir so nackt und bloß!

II.
Wozu gibt 's die Weltanschauung,
sieht man sie uns nicht gleich an?
Denn die seelische Verdauung
hängt nicht mehr am Rocke dran!
Wie soll ich den Mantel schwenken,
daß im rechten Wind er weht?

---

[1] Johann F. Semler (1898-1973), Jurist in der Nazizeit, erhielt nach dem Krieg als Mitglied der Verfassunggebenden Versammlung hohe Ämter, aus denen er auf Verlangen der Militärregierung ausscheiden mußte.

Was soll ich vom andern denken,
eh ich mich verdreht gedreht?
Das ist kein Zustand, der zu ertragen!
Denn ohne Abzeichen sind wir ja blind!
Der Hund darf eine Marke tragen!
Weh uns, daß wir so untern Hund gekommen sind!

Man geb uns einen kleinen Knopf
– wozu gibt's denn Partein?
Es muß ja nicht von Fuß bis Kopf
die Uniform gleich sein.
Ein Aufbauknöpfchen uns genügt,
daß unsre Blöße deckt –
es weiß doch, wer's zu sehen kriegt,
daß nichts dahinter steckt!

(Alle drei Männer klappen ihre Mantelrevers um, und man sieht auf der Reversrückseite das Parteiabzeichen mit dem Hakenkreuz.)

Die lustige Witwe

Text: Erich Kästner
Musik: Edmund Nick

(Sie ist schäbig elegant. Lehnt an einer Baracke. Frau von dem Typ, der »sowas früher nicht nötig gehabt hätte«. Musikvorschlag für Nicky: Wenn möglich, mitunter Lehar-Reminiszenzen, aber sinngemäß entstellt. E.K.)

Ich bin die lust'ge Witwe,
rotes Haar und weiße Haut.
Lust'ge Witwe wird man heute
schneller noch, als früher Braut.

Das Herz ging hopps. Das Übrige verschwend ich.
Ich mache Frühjahrsausverkauf mit mir.
Das Herz ist schwach. Der Rest ist hochprozentig.
Das Herz ist tot, die Bluse ist lebendig.
Mir geht's wie um die Ecke dem elektrischen Klavier:
Mensch, steck Zaster in den Kasten,
und schon wackeln alle Tasten,

und schon geht der Lust'ge-Witwen-Walzer los,
ohne Ruh'n und ohne Rasten,
willst du noch 'nen Kuß? Da hast'n,
und nun Damenwahl, na was denn!
Die lust'ge Witwe ist mal wieder – ganz groß!

    Ich bin die lust'ge Witwe
    und tu ernsten Menschen leid.
    Lust'ge Witwen, liebe Leute,
    sind so lustig wie die Zeit!

Wo alles schiebt, schieb ich wie irgendeiner.
Ich handle schwarz mit meinem weißen Fell.
Ein Kunststück kann ich, Schatz, das kann sonst keiner:
Ich schiebe, doch – mein Lager wird nicht kleiner! (lacht)
Komm, bring mich um die Ecke, das Klavier steht im Hotel …
Mensch, steck Zaster in den Kasten,
und schon wackeln alle Tasten,
ohne Seele, doch die Technik ist famos!
Witwen gibt es wunderbare, –
grüne Augen, rote Haare,
schwarzer Markt und weiße Ware!
Die lust'ge Witwe ist mal wieder – (schreit) laß los!

    Ich bin die lust'ge Witwe,
    grau die Haut, die Augen rot.
    Nächstens lest ihr in der Zeitung:
    »Lust'ge Witwe lacht sich tot.«

Mensch, nimm den Mund von meinem müden Munde.
Such dir ein andres zahmes Spielzeugtier …
Ach nein! Bleib hier! Und schmeiß noch eine Runde!
Ich kann nicht mehr allein sein, – keine Stunde!
Begleite mich bis morgen früh! Es lebe das Klavier:
Leg den Zaster auf den Kasten!
An der Lampe weh'n die Quasten,
und schon geht der Lust'ge-Witwen-Walzer los!
Das wär nichts für Gymnasiasten,
auch die Großpapas erblaßten,
willst du noch 'nen Kuß? Da hast'n;
bitte Damenwahl, na was denn!

Ohne Ruh'n und ohne Rasten,
und die Hände sind die Tasten,
die lust'ge Witwe ist mal wieder – ganz groß!

(Mänadische Geste; dann Erschrecken über sich; dann Hände entsetzt an die Ohren; dann Musik aus, Licht aus.)

Am Ende dieses Chansons, das ich hier als das von Kästner auf miserables Papier getipptes und von ihm handschriftlich verbessertes Urskript besitze, schreibt er Folgendes an meinen Vater:
  Frage an Nicky: kann man – wäre das ein Effekt – die vorletzten drei Zeilen so komponieren, als sei das Orchestrion kaputt und wiederhole sich? Oder säße dieser Effekt besser nach Schluß beim stummen Spiel? Bis zum Blackout?

Mein Vater hat es genau dem Wunsch Kästners entsprechend komponiert und es wurde, nicht zuletzt auch wegen der hervorragenden Gisela Fackeldey, ein großer Erfolg. Hans Hellmut Kirst schrieb im »Münchner Merkur« am 16. Januar 1948 eine etwas zwiespältige Kritik unter der Überschrift »Schaubude: ›Das fängt ja gut an‹ – und wie wird das enden?« Die letzten Sätze lauten:
  Nur mit seiner »Lustigen Witwe« erreichte der sich unmoralisch gebärdende Moralist Kästner den bisher höchsten Pegelstand des Hauses. Dann Hellmuth Krüger, der sein treffsicheres Gefühl für politische Kapriolen demonstrierte. Und die modernen Höllen-Breugheleien der bühnengroßen Zeichnungen von Tolle. Dieser fragwürdige Ansatz zu einem kulturpolitischen Canossa-Gang eines schwergeprüften (und zu leicht – von wem eigentlich? – befundenen) Unternehmens ist höchst sehenswert. Der fällige Herausfall aus der Schaubudenebene, der Drang dorthin, wo gewöhnlich das »oben« vermutet wird, bei gleichzeitiger Konzession an die primitivsten Lachbedürfnisse, ist allerdings ein Anfang. Ob aber ein guter, muß sich erst noch erweisen. Faust III 1949 oder Kasperle-Faustiade? Wie wird das enden!

Wie jedes Schaubudenprogramm wurde auch dieses fast drei Monate en suite gespielt, wobei eine aufsehenerregende Neuerung festzuhalten ist. Im Theaterplan der Zeitungen konnte man nun unter der Schaubuden-Ankündigung lesen: »Das Theater ist geheizt!«

Das war in einer Zeit, als der Durchschnittsbürger seiner Holz- und Kohlenzuteilung nachlaufen mußte, etwas Außergewöhnliches. Um die Not, die auch diesbezüglich nach Kriegsende in Deutschland herrschte, zu illustrieren, zitiere ich hier einen Artikel aus der »Süddeutschen Zeitung« vom 4.3.1947, betitelt »Sorge um Särge«:

Während man in einer hessischen Stadt Tote, deren Hinterbliebene keinen Sarg zu »organisieren« vermögen, in einem Spezialsarg mit Klappboden zu Grabe trägt, und anderswo dazu übergehen mußte, die Verstorbenen in Papiersäcken der Erde zu übergeben, ist es bei uns bisher immer noch gelungen, die benötigten Särge, die teilweise im weit entfernten Fichtelgebirge hergestellt werden, herbeizuschaffen. Nur die Beschaffung der Nägel und die Überwindung der Transportschwierigkeiten bereiten ernste Sorge.

Auch andere Sorgen gab es nach wie vor: die Schwierigkeit, eine Wohnung in München zugeteilt zu bekommen oder die Suche nach einem verschwundenen Milch-Gutschein, den meine Mutter nach einem Münchenbesuch offenbar aus Versehen mit nach Lenggries genommen hatte. Dazu schrieb mein Vater folgende Postkarte:

M., 12.1.48

Mein geliebtes Katjalein!
Nahmst Du nicht den Milch-Gutschein
aus Versehen mit nach Hause?
Schau, ich bräuchte ihn zur Jause
oder um beim Frühstück auch
mir zu füllen meinen Bauch.
Steck ihn schnell in ein Couvert,
bitte, – schick ihn wieder her!
Sei bedankt im vorhinein! –
Meinem kleinen Töchterlein,
dem das ganze Herzel wehwund,
weil davonschwamm heut ihr Seehund[1],
den sie sich als Freund erloste,
send ich einen Kuß zum Troste,
weil sie sonst ja keiner koste.

---

[1] Mit »Seehund« war Robert Schnorr, Robby genannt, gemeint, der damals sein Philosophiestudium in Göttingen begann.

Muß sie auch auf ihn verzichten,
kann sie darum besser dichten.
(Besser noch, als ich es kann ...)
Küßchen! Euer Nickimann.

[München,] 14.1.48

Geliebtestes!
Die Arbeit reißt nicht ab und der Föhn auch nicht. Ich schlafe gar nicht mehr, so wild bläst er auf mein Fenster, über dem er das Blech abriß, nachdem er die ganze Nacht geklappert hatte.[1]
Ich bekam heute 100 RM aus Pankow, russische Zone, für Abdruck »Musik im Kabarett«, in einer Musikzeitschrift »Melodie«, die ich gar nicht kenne.
Morgen Orchester- und Ensembleprobe »Gasparone« wegen Übertragung für eine Radiosendung, die Freitag früh in der Aula aufgenommen wird.
In Berlin macht Stäcker [Das kleine] Hofkonzert in der Komödie am Kurfürstendamm mit [Paul] Henckels, [Hans] Leibelt und Hilde Seipp im Februar.
Heute Elmendorff-Konzert, Brahms Klavierkonzert mit Rosl Schmid; II. Symphonie und Weber Euryanthe-Ouvertüre.
Die Nachfeier im Bühnenclub am Montag dauerte lange. Walter Behr fuhr mich um dreiviertel eins morgens heim, die anderen blieben, viele angebläut. Ein Schnaps kostet 25 RM.
Seid umschlungen und geküßt!

Euer Alterchen

M., 23.1.48

Liebste Katzen!
Im Radio händigte man mir ein Programm der nächsten Woche aus. Donnerstag – als ob das so selbstverständlich und gar nichts

---

[1] Nicki wohnte in der Gewürzmühlstraße 1 im 3., dem obersten Stockwerk. Das darüberliegende, im Krieg zerstörte Dachgeschoß war nur durch einige lose Bleche notdürftig geschützt.

Besonderes wäre: Dagmar Nick – Lesung! Müßt Ihr hören! Ich kann es ja nicht.[1]

... Der heutige stille Tag ist mir ganz recht. Ich schreibe, was ich kann, heraus. Hab Kohlen geholt und Holz gehackt. Ich koche Nudeln.

Lebt wohl, Ihr Besten! Viel Schönes und Hals- und Beinbruch! Meine Adresse: Nordwestfunk, Hamburg, Rothenbaumchaussee 132/134.

Behüt Euch Gott!

Euer Nicki

Hamburg, 25.1.48

Liebstes!

Es ist Sonntag, 9.05 Uhr, ich schreibe, auf das Auto des Senders wartend, auf dem Hauptbahnhof. Die Fahrt ging glatt, 3. Klasse sitzend – seit gestern mittag 13.40, und entsprechend vorher.[2] Fuhr auch gegen Mitte der Nacht durch Göttingen. Ätsch – Dagy! Hatte mich gut verproviantiert und die Whiskyflasche mit Tee mitgenommen.

Jetzt kanns weitergehen. Kuß aufs Herz!

Euer Nicki

Hamburg, Hotel Alsterhof Esplanade, 26.1.48

Liebes Du!

Der Alsterhof ist ein schönes Hotel mit rotem Velours auf den Stiegen und grauem im Zimmer. Hier in der Gegend am Jungfernstieg, Esplanade und Colonnade gibt es keine Zerstörung, alles wie im Frieden! Ich hab gestern über Mittag geschlafen. Abends holte ich die inzwischen antelefonierte Elisabeth um 19 Uhr in der Staatsoper ab – sie

---

[1] Der Hamburger Sender nahm Nickis Operette »Über alles siegt die Liebe« auf und Nicki mußte sie dort dirigieren.

[2] Der Zug von München nach Hamburg, natürlich ohne Schlafwagen und ungeheizt, brauchte damals 20 Stunden für diese Strecke. 3. Klasse: Das waren Holzbänke, auf denen man eng aneinanderrückte, Speisewagen gab es freilich ebenso wenig wie Sitzplatzreservierungen. Es war also nicht selbstverständlich, daß man auf einer solchen Reise sitzen konnte, weshalb Nicki es hier extra erwähnt.

hatte eine kleine Rolle im Wildschütz – und ging mit zu ihr. Es gab Tomatensuppe und Bratkartoffeln und unendlich viel Geschwätztes. Sie sieht nett aus, möchte weg von Hamburg, wo sie nicht sehr glücklich ist, offenbar ist die Stimme für große Partien zu klein.

Jetzt will ich den Rundfunk aufsuchen. Den »Jakob«[1] spielt Gollong! Einstudiert hat es Munkel, der bei mir in Berlin[2] Korrepetitor war.

Ich denke immer an Euch und Marquartstein ... heute![3]

Allerallerinnigst Euer Nicki

Hamburg, 27.1.48

Allerbeste! Samt Dagmar!

Es ist sehr schön hier. Gestern Besprechungen; Mittag schrecklicher, unsagbarer Kantinenfraß; nachmittags im Bett. Um 15 Uhr bei Gr. [Freunde meiner Eltern]; um 18.30 »Rose von Stambul« [Leo Fall], dann bei Horst Bollmann. Um 21.30 im Hotel Noten korrigiert bis Mitternacht.

Heute 9.30 Uhr Orchesterprobe. Gutes Orchester! Klingt prima, anscheinend begeistert! Kantine etwas besser. 13.15 Uhr Orchester und Solisten. Gut. Bis 16.30 Uhr. Dann Tee bei Elisabeth. Um 18 Uhr Staatsoper »Turandot« von Busoni und »Der Dreispitz« von de Falla, Ballett.

Um 21.30 Uhr werde ich vom Funkauto zur Dialogprobe geholt. Es wird spät werden. Axel Eggebrecht aufgesucht, Bücher geschenkt bekommen. Getroffen: Gerhard L'Arronge[4], meinen Breslauer Flötisten Schicke, Gollong, Eric Ode (Odemars Sohn), der den Kapellmeister spielt, die kleine »Gruschka«, die jetzt Soubrette ist und 1921 als Theaterkind in Breslau in den »Siebenmeilenstiefeln«[5] mitspielte; der Orchestervorstand hat bei Kriegsende bei Verwandten von mir in Pokratitz [Böhmen] genächtigt; ein 2. Geiger war bei mir im Theater des Volkes in Berlin.

[1] Jakob, eine Buffopartie in Nickis Operette.
[2] »Bei mir in Berlin«: als er dort am Großen Schauspielhaus dirigierte.
[3] In Marquartstein hatte ich meinen ersten eigenen Leseabend.
[4] Vetter meiner Mutter.
[5] Ein Weihnachtsmärchen von Paula Heimann, spätere Stuck, für das Nicki die Musik komponierte in Breslau, 1921, als er dort am Lobe-Theater als Kapellmeister angestellt war.

Jetzt aß ich einen Happen. Dann Nachtprobe. Ermattet, aber selig. Immer neben Dir. Wie mag es in Marquartstein gewesen sein?
Donnerstag und Freitag Generalprobe und Aufnahme.
Kuß! Ich drück Euch ans Herz!

Euer N.

Zum Verständnis des folgenden Briefes: Die Bayerische Staatsoperette suchte ständig nach neuen Sängern und beauftragte deshalb meinen Vater, sich an anderen Opernhäusern die Sänger anzuhören. Da er nun schon einmal »unterwegs« war, was ja immer mit der schwierigen Beschaffung eines Interzonenpasses verbunden war, beorderte man ihn jetzt noch nach Düsseldorf.

Hamburg, 28.1.48

Meine Zwei!
Die Staatsoperette bringt mich an den Rand des Abgrunds, ich fahre Samstag nach Düsseldorf. Ich rief heute früh Hurrle an – er wird Euch, hoffe ich, verständigen.[1] Ob ich Sonntag oder Montag zurückfahre, hängt davon ab, ob ich am Samstag noch die Operette mit dem Tenor Veith sehe.

Die gestrige Nachtprobe dauerte bis viertel zwei Uhr früh. Ich schreibe in fliegender Hast im Radio. Hatte Klavierproben; soeben hörte ich den Chor ab. Alles o.k.

Abends halb acht bei Elisabeth zum Essen. Sie singt ganz wunderbar, weich und herzlich im Vortrag; sah sie in einer kleinen Rolle in »Turandot«. Große wird sie an so großen Bühnen kaum bekommen, dazu fehlt der Stimme das Volumen. Jetzt in 5 Min. werde ich in eine Redaktion zu einem Interview gefahren.

Morgen Großkampftag: Generalprobe – endloses Abhören mit allen Schikanen.

Im Hotel darf ich bleiben, da mußte sich der Rundfunk erst sehr anstrengen, denn man darf immer nur 3 Tage in einem Logis bleiben.

Lebt wohl und grämt Euch nicht, daß ich länger bleibe. Seid umschlungen!

Euer N.

[1] Man konnte als »normaler Bürger« nicht zwischen den Besatzungszonen telefonieren; aber vom Rundfunk Hamburg zur Staatsoperette München war das möglich!

Hamburg, 29.1.48

Meine Geliebten!
Uff – das war auch wieder ein Tag: von halb 10 mit einer Stunde Mittagspause, in der ich wieder diesen Kantinenfraß bekam, unentgeltlich, dirigiert bis halb 5. Dann mit Dr. Fred Hamel [Musikologe] Nescafé genossen. Um 18 Uhr »Zauberflöte« in der Staatsoper, mit Elisabeth, die den 2. Knaben sang. In der Pause Lore Hoffmann, die »Pamina«, aufgesucht, sehr nett!

Dem Rundfunkchor mußte ich erst die Bardenbärte abschneiden, aber die Leute sind nett, auch besonders das Orchester. Es wird halt sehr viel Zeit verplempert; man braucht sowieso schon viel Zeit für die Technik, fortwährend wird das Orchester umgesetzt, die Mikrophone umgehängt, die Stellungen gewechselt.

Müde! Wetter trüb, verhangen, bissel regnerisch. Habe seit Tagen keine Zeitung gelesen. Für heute gute Nacht!

Morgen Aufnahme. Sendung am 1. Februar um 20 Uhr.

Tausend Küsse!

Nicki

Hamburg, 31.1.48

Liebes!
Die Aufnahme dauerte von halb 10 bis halb 17. Dann schnell ein Imbiß im Hotel, um 18 Uhr Staatsoper »Peter Grimes«, eine englische Oper von einem englischen Hindemith namens Benjamin Britten. Um 20.30 Uhr ins Radio, die Tonbänder abhören. Ganz hübsch geworden. Zum Schluß brachte mir das Orchester eine richtige Ovation. Um 24 Uhr ins Bett.

Jetzt Abfahrt nach Düsseldorf. Sprach noch in der Nacht mit Hurrle. Es wird eine Fahrt ins Blaue sein, denn das erwartete Telegramm über Logis ist nicht gekommen. Ich habe aber nun Zulassung sowie Fahrkarte und könnte hier in diesem schönen Hotel auch nicht bleiben. Morgenkaffee 30.-RM. Gestern mittag besuchte mich im Radio Heinz Woezel, der Katakombenjunge,[1] fragte nach

---

[1] Einer von den »Drei Rulands«, die 1934 in Berlin an der »Katakombe« mit Nicki und meiner Mutter, die damals als Chansonsängerin auftrat, zusammenarbeiteten.

*Edmund Nick dirigiert seine Operette »Über alles siegt die Liebe«
bei einer Aufnahme im Norddeutschen Rundfunk, Hamburg,
am 30. Januar 1948*

Dir: »Was macht Kaete?« Ursula Grabley fiel mir im Hotel mit viel Geschrei um den Hals. Ich hoffe Dienstag in München zu sein – wahrscheinlich braucht diese Karte länger.

Ich grüß Euch in aller Liebe und Bangigkeit,

Euer Nicki

Düsseldorf, Sonntag, 1. 2. 48

Ihr Gesüßten!
Ein nicht ganz verlorener, nicht ganz einsamer Sonntag in der fremden Stadt. Sie ist vielfach, aber weniger als München angebombt, breite saubere Straßen, Frühlingswetter. Um 10.30 Uhr hörte ich eine Symphoniekonzert im Opernhaus mit Strawinsky- und Beethovensymphonie und einer herrlichen Altistin, die Gluck und Händel sang. Dann eine Bohnensuppe; bei Abgabe der letzten 50 Gramm Nährmittel-Marken bloß 10.-RM ... Dann eine halbe Stunde Fahrt in den Vorort Rath, wo mein einst gewesener Diener[1] Gründig haust. Gerade sein Haus ein Schutthaufen. Umfrage bei Leuten, die gegenüber wohnen, längeres Suchen, schließlich hatte ich ihn. Er saß am Tisch, 73 Jahre alt, gesund, in Pension. Dazu Frau und drei nette Stieftöchter. Ich hatte Nescafé mit und kochte für alle. Reizende Aufnahme mit Syrup, Kuchen, Brot und Wurst. Schließlich bekam ich 250 g Nährmittelmarken geschenkt. Für 100 aß ich dafür soeben im Hotel Makkaroni. In einer Viertelstunde beginnt die Sendung aus Hamburg, ich sitze hier in der Bar und höre.

Morgen geh ich um 17.30 Uhr in den »Grafen von Luxemburg«, um den Tenor Veit zu hören. Morgen früh Sicherstellung der Rückfahrt.

Mit einigen tausend Grüßen N.

In den folgenden Wochen muß Nicki bei uns in Lenggries gewesen sein, denn es existieren keine Briefe. Der nächste stammt vom März 1948.

[München,] 18. 3. 18

Meine Katzen!
Morgen muß ich um halb fünf aufstehen, um 6.15 Uhr geht der Zug nach Regensburg. Auf nach Walhall! Wotan – Wotan – Wotan![2]

---

[1] Es muß sich dabei um einen »Diener« aus Nickis Zeit als Offizier im Ersten Weltkrieg handeln: eine für Nicki sehr typische Eigenschaft, alte Verbindungen zu Leuten aus seiner böhmischen, bzw. altösterreichischen Jugend niemals aufzugeben!

[2] Nicki mußte in Regensburg ein Konzert hören, um für das »Münchner Tagebuch« eine Kritik zu schreiben. Katjas Kuchen war der Reiseproviant.

Ich probte viel hin und her. Gott sei Dank hat der Regen aufgehört. Ich kam waschelnaß hier an, in München goß es genau so, die Isar ist geschwollen. Gestern regnete es durch die Decke. Der Regen krachte auf die Mansarde über meinem Zimmer und erschien alsbald als weiße Meerrettichsoße direkt vor dem Flügel. Als ich spielen wollte, tropfte es mir in den Kragen und auf die Platte. Ich stellte zwei Becken auf. Um halb sieben weckte mich der holde Schelm durch beständiges Klopfentropfen.

Dein Kuchen ist fantastisch. Er wird mich morgen retten. Ich danke noch sehr innig »für«. Für und für = 8.

Euer Edi

Zum Abschied: »Bitte recht friedlich«

Das sechste Schaubudenprogramm lief nun den dritten Monat – von einem neuen wurde nicht mehr gesprochen. Aber für uns privat gab es eine umwerfende Neuerung: Nicki bekam in sein möbliertes Zimmer in München ein Telefon! Dafür hatte die Staatsoperette gesorgt, weil ihr Chefdirigent immer erreichbar sein mußte. So konnten wir in Lenggries mit ihm telefonieren, falls die Verbindung überhaupt herzustellen war, was keineswegs selbstverständlich war. Manchmal klappte es, meistens aber riß die Verbindung mitten im Gespräch ab. Immerhin, am 31. März erschienen die Telefonmänner auf Nickis Bude.

Mittwoch, 31.3.48

Katja! Die arbeiten seit viertel neun früh. In einer halben Stunde soll ich telefonieren können. Morgen erste Probe von »Eine Nacht in Venedig«. Heute kommen sechs Leute zu mir, jede Stunde ein neuer.

... Gestern: Riesentintenfleck im alten Anzug, mein Füller war wieder mal ausgelaufen. Ich wusch noch in der Nacht daran herum, ganz ist es nicht rausgegangen.

Es geht! 20-5-78!!!
Lebt wohl!

In Eile Euer N.

Vom April 1948 gibt es keine Briefe. Die Schaubude ging, so viel ich weiß, mit ihrem letzten Programm auf Tournee und in das Theater zog vom 1. bis 18. April das »Kommödchen« aus Düsseldorf ein. Anschließend lief ein Theaterstück von Ernst Nebhut, »Der Stundenhändler«, unter der Regie von Rudolf Schündler, der sicher schon nicht mehr an ein Fortleben des Schaubuden-Kabaretts glaubte.

Im Mai 1948 war, wie dem »Münchner Tagebuch« zu entnehmen ist, die Hälfte des Münchner Schutts – 2,5 Millionen cbm

– *weggeräumt. Aber »nach der Trümmerbeseitigung kommt als erstes nicht der Neubau, sondern die Baracke, nicht der Komfort, sondern der Behelf, nicht die Golfjacke, sondern die Kleiderkarte« (Rolf Flügel). Die Schauspieler rebellierten: Sie würden das Theaterspielen einstellen, wenn sie nicht mehr als die uns zugestandenen 1500 Kalorien täglich bekämen. Nicki skizziert das kurz in einem Brief.*

[München,] 7. 5. 48

Mein Plu!¹
... Es geht jetzt mächtig los in der Presse. Der OB Scharnagl schenkte den Leuten des geschlossenen Schauspielhauses Mehl. Was sollen damit die Junggesellen? Sich bei oder von ihm Semmeln backen lassen? Die Oper hat zwei Tage geschlossen, weil ein Oboist während der Vorstellung zusammensank und weggetragen werden mußte.

Heute wird eine neue Orgel in der Sophienstraße eingeweiht. Das wäre das Neueste vom Rialto.

Immer in Hetz, immer in Liebe.

Dein N.

[München,] 11. 5. 48

Ihr Lieben!
Der Kampf um die Lebensmittelzulagen der Künstler ist heftig entbrannt! Ihr müßt diese Zeitungsausschnitte lesen! Es geht den Bürokraten an den Kragen. Besonders Gunter Groll und Hohenemser [im »Münchner Merkur«] schießen scharf.

Eben waren Ursula Herking und Beate von Molo da, wegen der Harfenmusik zu der neuen Metzner-Premiere. Dagy soll dafür ein paar Schlußworte dichten. Es wäre fein, wenn ihr das gelänge.²

Die Stadt ist ohne Elektrische³ um vieles ruhiger und stiller, die

---
¹ Ein selten und nur von Nicki benutzter Kosename meiner Mutter.
² In Gerhard Metzners »Kleinen Komödie« inszenierte Beate von Molo das Stück »Kleiner Engel ohne Bedeutung« von André Puget. Ich war schon manchmal bei Gerhard Metzner eingesprungen, wenn in einem Stück ein paar Verse gebraucht wurden. Hier aber schrieb ich nichts.
³ Die Trambahnen streikten – ein Novum, denn in der Nazizeit war Strei-

Autos merkt man nicht. Wenn aber noch länger gestreikt wird, machen wir in der Staatsoperette auch zu. Vorläufig haben wir wöchentlich zwei probefreie Tage eingeführt.
Kuß! Nicki

»Immerhin es war schönster Frühling, und wer möchte da«, *fragte Rolf Flügel im »Münchner Tagebuch« am 15. Mai,* »ernstlich verzweifeln? Die 800 000 Menschen tun es nicht, deren Ameisengekribbel noch ständig wächst, und nicht die 1500 Maler, 300 Bildhauer und 200 Graphiker, die hier wohnen und die in ungebrochenem Starrsinn nach wie vor die Meinung vertreten, daß es sich in München besser hungern und frieren lasse als anderswo. Auch die Professoren der Hochschulen, soweit die geraden Wege der Ministerialbürokratie in der Lage waren, ihnen wenigstens ein Zimmer anzuweisen, gehören zu den Zukunftsgläubigen, ferner die augenblicklich rar gewordenen Theaterdirektoren, die Schauspieler, Angehörige jenes kläglich zusammenschrumpfenden Fähnleins der Normalverbraucher, die, wenn schon nicht um Zulage, so doch wenigstens um eine Änderung dieser irreführenden Bezeichnung eingeben sollten, und viele andere, Trambahnschaffner, Gasableser und Schriftsteller. Wer könnte sich auch dem letzten Hoffnungsschimmer versperren?«

Ich weiß nicht, welchen Hoffnungsschimmer Rolf Flügel hier meinte. Unmut und Nervosität lagen in der Luft, die Schwarzhändler verhielten sich unbarmherziger denn je, unsere Konten waren zusammengeschmolzen, die Gehälter der Künstler lächerlich, Handwerker verlangten ihr Entgelt oft genug in Zigaretten, nein, nicht päckchenweise, sondern in ganzen Stangen, am liebsten die Camel, zehn amerikanische Zigaretten kosteten auf dem Schwarzmarkt 40.- RM, ein Ei 10.- RM. Und das Gerede über die nahe Währungsreform sorgte in keiner Weise für Beruhigung. Niemand konnte sich vorstellen, wie das anschließend weitergehen würde: beim Nullpunkt wieder anzufangen.

ken verboten. Einige Wochen später streikten 800 Münchner Gastwirte: Für drei Tage sperrten sie das mit dem Schimpfnamen Hopfenbrause versehene Dünnbier, das man sowieso nur auf Brotmarken bekam.

Vorerst fing das Leben der Bayerischen Staatsoperette mit neuen Kräften an: Endlich durfte sie aus ihrem Behelfslogis an der Schornstraße zurückkehren an ihren Stammsitz, ins restaurierte Theater am Gärtnerplatz, wo sie ihre Wiedereröffnung am 18. Juni 1948 mit Johann Strauß' »Eine Nacht in Venedig« feierte, unser Nicki am Dirigentenpult.

Drei Tage später, am 21. Juni 1948, wurde die Reichsmark zu Grabe, bzw. an die dafür bestimmten Schalter getragen, und jeder von uns erhielt ein Kopfgeld von 40.- D-Mark in ungewohnt zierlichen neuen Geldscheinen.

In der Schaubude schien niemand mehr an ein neues Programm zu denken: Wer würde in Zukunft noch Geld für eine Theaterkarte ausgeben wollen? Rudolf Schündler und seine Mitdirektoren waren froh, das Theater im Juni noch an ein Kabarett aus der französischen Zone (»Der Widerspiegel«) vermieten zu können.

Aber so leicht nimmt man nicht Abschied. Noch einmal wollte man zeigen, wer man einmal war und daß man doch noch etwas auf die Bretter, die die Welt bedeuten, stellen konnte: Mit ein paar kleinen Zutaten und dem Rückgriff auf die größeren Erfolge von einst rührte man ein letztes Schaubudenprogramm zusammen mit den besten Darstellern, über die man verfügte – Ursula Herking, Bum Krüger und Hellmuth Krüger – und nannte es eine Kabarett-Revue: »Bitte, recht friedlich!«

Die Kabarett-Revue lief noch einige Wochen durch den September und Oktober, nun zum neuen Eintrittspreis von 2.- bis 6.50 DM. Ich besitze davon kein Programmheft, aber eine Art Abgesang meines Vaters im »Münchner Merkur«, in dem er am 28.3.1949 über Werden und Vergehen der Schaubude schreibt, wie ihr Ruhm stieg. Man verglich sie mit den alterlauchten Kabaretts, dem »Überbrettl«, den »Elf Scharfrichtern«, dem »Simplizissimus« und mit der durch ihre herrliche Frechheit und grandiose Höllenfahrt berühmt gewordenen »Katakombe«. Ein Kabarett, das 670 Plätze faßte und sich ohne »Verzehr«, ohne Verkauf teurer Weine erhielt, war eine Einmaligkeit, zumal der Schaubude durch zwei Jahre die Anerkennung ihres künstlerischen Wertes vorenthalten wurde, was sich in den Prozentsätzen der Vergnügungssteuer ausdrückte. Wenn nach zwei bis drei Monaten Laufzeit der Besuch schütterer wurde, mußte ein neues Programm her. Das war gar nicht so leicht. Die Themen wechselten ja nicht so rasch, die Nachkriegszustände waren permanent geworden. Mit Programmen, die sich alle vier Wochen änderten, war das Niveau nicht zu halten. Kabarettautor zu sein, ist zudem kaum jemals ein Hauptberuf gewesen. Es ist eine Liebhaberei. Aber die kann sich nur der leisten, der das Geld dazu hat. Die Schaubudenleute mußten es sich anderweitig beschaffen: Der eine schrieb ein Buch, der andere eine Komödie, der dritte einen Film, der vierte eine Operette – da blieb ihnen kaum Zeit für neue Chansons, neue Sketche und Finales, nach denen Direktor Rudolf Schündler die Hände rang. Der Mitarbeiterkreis mußte erweitert werden. Am letzten Programm hatten schon acht Literaten und fünf Komponisten gearbeitet. Die Währungsreform ließ den Besucherkreis im Gegensatz hierzu zusammenschmelzen. Das Ensemble ging auf Reisen. Es kam nicht wieder. Man spielte im freundlich renovierten Raum ein Lustspielchen. Dann war es auch damit zu Ende. Da gab sich der traumtänzerische Direktor einen Ruck und erklärte dem Amtsgericht, was los ist.

Behaltet sie im guten Andenken, die Schaubude, ihre heiteren Persiflagen ebenso wie die ernsten Worte, die sie zu den großen ungelösten Problemen der Zeit zu sagen hatte, zur Friedens-, zur Flüchtlings-, zur Kriegsgefangenenfrage. Sie wird die Schildbürger und Bürokraten, die alten Parteigenossen und Militaristen, die Schwarzhändler und Streunerinnen so wenig gebessert haben, wie des Heiligen Antonius Fischpredigt die Aale und Hechte und Karpfen. Aber sie tat, was sie glaubte tun zu müssen. Ihren Gläubigern aber, die ihr Geld haben wollen, sei der Titel des Abschiedsprogramms in Erinnerung gebracht: Bitte, recht friedlich!

Nachwort

Ende September 1948 wurde uns endlich eine eigene Wohnung in München zugewiesen und sofort packte ich mit meiner Mutter unseren spärlichen Besitz in Lenggries in einige Kartons und zog mit ihr vorübergehend in ein Zimmer im Haus der Eva L'Arronge, weil nun einige Anschaffungen nötig wurden, die wir, wenn überhaupt, nur in München ergattern konnten. Bis dahin besaßen wir bloß eine Seegrasmatratze, die auf einem Holzgestell lag, dessen Beine aus einem in vier Teile gesägten kurzen Baumstamm bestanden, den wir zum Glück nicht im Winter verfeuert hatten. Die Wohnung in der Brahmsstraße 8, 1. Stock, hatte zwei Zimmer, eine Kammer, die mein Schlafzimmer wurde, ein Bad und eine ziemlich große Küche. Überall abgewetzter Holzfußboden. Natürlich Ofenheizung. Durch die Vermittlung des Bühnenbildners von der Staatsoperette bekamen wir eine Schlafcouch für Nicki, der quasi neben dem Zitronenholzflügel von Gerhart Hauptmann nächtigte, und für Katja in das kleinere Zimmer ein Metallbett mit erbärmlicher Matratze, gebraucht und nahezu Schrott, das man aber tagsüber hochklappen konnte, so daß der Raum dadurch etwas wohnlicher und größer wurde. Als nächstes erhielten wir, als »Flüchtlinge« bevorzugt, einen Gutschein für ein paar unsäglich primitive Möbel, darunter war ein Sofa, mit einem Stoff aus gewebter Papierschnur bezogen, beinahe unverwüstlich. Was an Geschirr und Wäsche fehlte, schenkte uns Eva L'Arronge in großzügigster Weise – das bleibt in Dankbarkeit unvergeßlich.

Am 28. September 1948 fuhr Nicki zum ersten Mal nach dem Krieg ins Ausland, nach Zürich, wo tags darauf im dortigen Schauspielhaus die Schaubude mit einer Auswahl ihrer besten Kästner-Nick-Chansons gastierte. Das Schaubuden-Ensemble wurde dabei einzig durch Ursula Herking vertreten, die acht Chansons zu singen hatte. Gustav Knuth, der damals in Zürich lebte, sang zwei Chansons, die er von früher her kannte; dazwischen las Erich Kästner einige seiner Gedichte. Das mit Erich Kästner ausgetüftelte Programm ist in der Handschrift meines Vaters vorhanden. Kästner war bereits am Vortag gefahren und empfing dann Nicki auf dem Zürcher Bahnhof, zusammen mit unserer Schweizer Freundin Gertrudis, einstiger Gesangsschülerin meiner Mutter. Natürlich schrieb Nicki auch von hier sofort eine Postkarte an uns:

Meine Katja!
Wunderbar ist es hier! Die Reise ging ganz glatt. Gertrudis und Erich K. auf der Bahn. Dann geprobt, aber erst Eier auf Speck gegessen. Gustav Knuth macht auch mit. Abends im Kabarett Cornichon, dessen Ensemble nachher mit in eine Bar ging, wo auch – Walther Behr auftauchte. Es wurde zu spät für meine Müdigkeit. Jetzt mit Ursula geprobt. Um halb sechs wieder Probe im Schauspielhaus.
Tausend Grüzi! Euer Nicki

[Anschrift von Kästner]
Liebes Kätchen, liebe Dagmar! Heute abend klettern wir also aufs Trapez. Ihr Erich.

Elf Jahre später schrieb Erich Kästner nach einem Konzert mit Kästner-Nick-Chansons in München an seinen Freund Edmund Nick:

Mein lieber Nicki, der Chanson-Abend in der Lenbach-Galerie war (mindestens für mich) ein eindeutiger Beweis dafür, was wir beide, gemeinsam, dem deutschen Kabarett »geliefert« haben. Doch davon abgesehen: Wir sind gute Freunde, und das ist und bleibt die Hauptsache!
Immer Dein Erich

Personenregister

Ambesser, Axel von (1910–1988): Schauspieler, Regisseur und Schriftsteller 14, 22, 29, 80, 84, 101 f., 128, 171
Andersen, Lale (1910–1972): Sängerin 47

Bach, Rudolf (1901–1957): Schriftsteller; Dramaturg am Bayer. Staatstheater 76
Bächler, Wolfgang (geb. 1925): Schriftsteller 168
Barth, Irmgard (geb. 1913): Altistin 127
Bartsch, Inge: Schauspielerin 9, 15, 22, 26, 41, 47–49, 71, 85
Baukner, Arthur: Generalintendant der Bayer. Staatstheater 81
Behr, Walter: Kabarettist, Schauspieler und Regisseur in Berlin bis 1933. Ab 1945 Theater Control Officer für Bayern 9, 21–23, 35, 49, 66, 81, 97, 119, 165, 192, 206
Benda, Hans von (1888–1970): Generalmusikdirektor 36
Bischoff, Friedrich (1896–1976): Schriftsteller; Intendant des Südwestfunks 7–9, 28, 33, 79, 81, 103, 123 f., 171
Birgel, Willy (1891–1973): Schauspieler 78
Birkmann, Inge (geb. 1915): Schauspielerin 69
Bollmann, Horst (geb. 1915): Schauspieler 194
Borchert, Wolfgang (1921–1947): Schriftsteller 168
Brenner, Hans-Georg (1903–1961): Schriftsteller 81, 124
Brügmann, Walther (1884–1945): Regisseur 11, 30

Dahlmann, Alfred (1905–1950): Kritiker und Redakteur 164, 166, 173
Dahlmann-Stolzenbach, Gertrud (1909–1988): Schriftstellerin und Rezitatorin 172
Dehn, Max (1878–1952): Mathematiker, seit 1940 in den USA 107
Desch, Kurt (1903–1984): Verleger 53, 75, 85, 162
Doflein, Erich (1900–1977): Musikwissenschaftler 124
Dohm, Will (1897–1948): Schauspieler 22
Domin, Friedrich (1902–1961): Schauspieler 155, 175

Eggebrecht, Axel (1899–1991): Schriftsteller, Mitbegründer des NWDR Hamburg 194
Egk, Werner (1901–1983): Komponist 38
Enderle, Luiselotte (1908–1991): Redakteurin 18, 50, 70, 81, 100, 122, 157, 165
Engel, Erich (1891–1966): Regisseur, 1945–47 Intendant der Münchner Kammerspiele 22, 111

Fackeldey, Gisela (geb. 1921): Schauspielerin 185, 190
Feiler, Max Christian (1904–1973): Bühnenautor 25, 31, 119
Finck, Werner (1902–1978): Kabarettist und Schriftsteller 9–11, 21 f., 27, 36, 40, 51, 105, 150
Flügel, Rolf (1897–1982): Schriftsteller und Redakteur 155, 164, 201 f.
Fortner, Wolfgang (1907–1987): Komponist 123
Freitas, Elisabeth de (geb. 1921): Schauspielerin und Sängerin 159

Fries, Herbert (geb. 1926): Komponist und Pianist *118*
Fröbe, Gerd (1913–1988): Schauspieler *127 f.*, *132*

Geczy, Barnabas von (1897–1971): Kapellmeister *23*
Glaeser, Ernst (1902–1963): Schriftsteller *112*
Gollong, Christian: Schauspieler *194*
Gondrell, Adolf (1902–1954): Schauspieler *22*, *51*
Grabley, Ursula (1908–1977): Schauspielerin *197*
Greving, Monika: Schauspielerin *109*, *121*, *132 f.*, *136*, *160*
Gutheim, Karlheinz (geb. 1904): Dramaturg *123*

Haagen, Margarete (1889–1966): Schauspielerin *15*, *39*, *41 f.*
Haas, Joseph (1879–1960): Komponist *109*, *118*
Habe, Hans (1911–1977): Schriftsteller, Chefredakteur der »Neuen Zeitung« *16*, *25*, *27*, *36*, *97*
Halbe, Max (1865–1944): Schriftsteller *22*
Hamel, Fred (1903–1957): Musikwissenschaftler *123*, *196*
Hanfstaengl, Eberhard (1886–1973): Kunsthistoriker, Generaldirektor der Bayerischen Staatsgemäldesammlung *164*
Hatheyer, Heidemarie (1918–1990): Schauspielerin *155*
Hauptmann, Gerhart (1862–1946): Dramatiker *130 f.*, *205*
Hauptmann, Ivo (1886–1963): Kunstmaler *131*
Hausmann, Manfred (1898–1986): Schriftsteller *112*
Heide, Dorul von der: Maler und Graphiker, *20*, *28*, *37*, *39*, *41*, *51*, *110*
Held, Hans Ludwig (1885–1954): Stadtbibliotheksdirektor in München *160*, *164*
Helmke, Erika (geb. 1916): Schauspielerin *104*

Hennecke, Hans (1897–1977): Schriftsteller *168*
Henckels, Paul (1885–1967): Schauspieler *192*
Herking, Ursula (1912–1974): Schauspielerin und Kabarettistin *9*, *12*, *14 f.*, *17*, *25–27*, *29*, *34*, *41*, *49*, *52*, *57*, *66 f.*, *74*, *76*, *80*, *85*, *92*, *100*, *104–106*, *113*, *117*, *119*, *121*, *130*, *132*, *135*, *138*, *141*, *160*, *162*, *171*, *180*, *185*, *201*, *203*, *205*
Hermlin, Stephan (1915–1997): Schriftsteller *168*
Hesse, Hermann (1877–1962): Schriftsteller *100*
Hesterberg, Trude (1892–1967): Schauspielerin *22–26*, *29*, *35*
Heynicke, Kurt (1891–1985): Schriftsteller *127 f.*
Hindemith, Paul (1895–1963): Komponist *122–124*, *196*
Hoegner, Wilhelm (1887–1980): Ministerpräsident *117 f.*
Hohenemser, Herbert (1915–1992): Kritiker; Redakteur am »Münchner Merkur« *201*
Höpfner, Margot und Hedi (geb. 1911): Tänzerinnen *41*, *49*, *108*, *165*
Hoerrmann, Albert (geb. 1899): Schauspieler *37*
Hoffmann, Lore (1911–1996): Opernsängerin *196*
Holsboer, Willem Jan (1905–1959): Regisseur und Schauspieler *155 f.*
Hornsteiner, Ludwig (geb. 1898): Bühnenbildner *36*, *39*
Hotter, Hans (1909–2003): Sänger *81 f.*
Hübner, Bruno (1899–1983): Schauspieler *171*, *180*
Hundhammer, Alois (1900–1974): Bayer. Kultusminister *159*
Hurrle, Curth: Regisseur an der Bayer. Staatsoperette *136*, *154*, *159*, *162*, *164 f.*, *165*, *167*, *173*, *184*, *159 f.*

Igelhoff, Peter (1904–1978): Lustspiel- und Filmkomponist *21*

Impekoven, Toni (1881–1947): Lustspieldichter 11, 18
Ivers, Axel (1902–1964): Schauspieler, Regisseur und Schriftsteller 174

Jacobi, Wolfgang (1894–1972): Komponist 164
Jaenicke, Wolfgang (1881–1968): Staatssekretär, später Deutsche-Botschafter am Vatikan 15 f., 75, 111, 165
John, Karl (1905–1977): Schauspieler 14 f., 19, 37 f., 47–50, 52, 59, 70 f.

Kabasta, Oswald (1896–1946): Dirigent 108
Kästner, Erich (1899–1974): Schriftsteller 1, 8–10, 12–16, 21, 23, 27, 34, 36, 38, 42 f., 51, 55, 57, 60, 63, 65, 67, 69 f., 73 f., 77, 80 f., 84, 86 f., 89, 92, 101, 113 f., 119 f., 122, 124, 127 f., 130, 133, 135 f., 138–143, 150, 157, 162, 166, 170 f., 173, 176, 180, 185, 189 f., 205 f.
Kiaulehn, Walther (1900–1968): Schriftsteller, Schauspieler 18 f., 102, 135 f., 160
Kirst, Hans Hellmut (1914–1989): Schriftsteller 190
Klemperer, Otto (1885–1973): Dirigent 81
Knappertsbusch, Hans (1888–1965): Dirigent 159, 161
Koppenhöfer, Maria (1901–1948): Schauspielerin 19
Krüger, Bum (1906–1971): Schauspieler 14 f., 48, 63, 102, 203
Krüger, Hellmuth (1890–1955): Schriftsteller 14 f., 38, 49, 51, 70, 78, 80, 90, 92, 97, 113, 116, 126, 130, 136, 154, 162, 170 f., 177, 179, 187, 190, 203

Lange, Horst (1904–1971): Schriftsteller 85 f.
L'Arronge, Eva (1907–1996): Schauspielerin 100 f., 108 f., 111, 116, 121 f., 124, 129, 160, 163 f., 166, 205 f., 118

L'Arronge, Gerhard: Schriftsteller 194
Ledig, Gert (1921–1999): Schriftsteller 124
Leibelt, Hans (1885–1974): Schauspieler 192
Lincke, Paul (1866–1946): Komponist 12, 20, 39
Lipinskaja, Dela (1907–1982): Chansonette 176
Loghi, Janni (1913–1956): Bühnenbildner der »Kleinen Komödie« 32
Lohmeyer, Wolfgang (geb. 1919): Schriftsteller 168
Loon, Gerard Willem van (1911–1980): von 1945–46 Theater Control Officer in Bayern 21–23, 40, 49, 66, 70, 80 f.
Lothar, Mark (1902–1985): Komponist 29, 171

Mann, Thomas (1875–1955): Schriftsteller 168
Marteau, Henri (1874–1934): Violinvirtuose 79
Maurus, Gerda (1909–1968): Schauspielerin 76 f.
Metzner, Gerhard (1914–1969): Regisseur, Librettist, Gründer der »Kleinen Komödie« 12 f., 16, 18–20, 22, 24, 28–32, 33 f., 84, 109 f., 163, 201
Mohaupt, Richard (1904–1957): Komponist 155
Molo, Beate von (geb. 1911): Tänzerin und Regisseurin 201
Moser, Hans Joachim (1889–1967): Musikwissenschaftler 18, 82
Mostar, Herrmann (1901–1973): Schriftsteller 77 f.
Müthel, Marga: Schauspielerin 127

Neher, Carola (1905–1940, in Moskau ermordet): Schauspielerin 29
Nigg, Sepp (1902–1954): Schauspieler 15, 49, 102, 158

Ode, Eric (1910–1983): Regisseur
194
Orff, Carl (1895–1982): Komponist
74 f., 123, 165 f.
Osthoff, Otto (1906–1957): Schauspieler, Regisseur an der »Schaubude« und Herausgeber der Zeitschriften »Das Literarische Kabarett« und »Ewige Komödie« 13, 15, 17 f., 22, 27, 38, 42, 50, 70, 102, 107, 119, 122, 160 f., 171

Panofsky, Walter (1913–1967): Kunstkritiker 164
Pfitzner, Hans (1869–1949): Komponist 81–84
Piper, Reinhard (1879–1953): Verleger 85
Platte, Rudolf (1904–1984): Schauspieler 9, 12, 27, 105, 150
Pleyer, Barbara: Schauspielerin 128, 162
Prager, Gerhard (1920–1975): Schriftsteller 168
Pringsheim, Fritz (1882–1967): Jurist 134
Pringsheim, Heinz (1882–1974): Musikkritiker und Komponist 155

Rabenalt, Arthur Maria (1905–1993): Regisseur 172
Rademacher, Susanne (1899–1980): Übersetzerin 81
Reich, Caecilie (1911–1965): Opernsängerin 155
Reichlin, Fee von (geb. 1912): Schauspielerin 77
Reif, Rudolf (1901–1961): Schauspieler 22
Rennert, Günther (1911–1978): Regisseur 159
Riede, Erich (1903–1986): Generalmusikdirektor, Komponist 167
Rosbaud, Hans (1895–1962): Dirigent 82, 108, 161
Rose, Ria (geb. 1905): Schauspielerin 79
Rosenow, Liselotte: Sekretärin von Erich Kästner 73

Rothärmel, Alfons (gest. 1979): Bühnen- und Kostümbildner 130, 162, 170, 17
Rucker, Hanna (geb. 1923): Schauspielerin 23, 37, 47, 81, 86

Sais, Tatjana (1910–1981): Sängerin und Schauspielerin 9, 34, 81, 150
Sallocker, Angela (geb. 1913): Schauspielerin 155
Sattler, Dieter (1906–1968): Architekt, Staatssekretär, Diplomat 164 f.
Scharnagl, Karl (1881–1963): Oberbürgermeister von München 131, 154–156, 158–160, 164, 172, 201
Scherchen, Hermann (1891–1966): Dirigent; Herausgeber der Zeitschrift »Melos« 183
Schleber, Harriet: Verlegerin 36
Schmid, Rosl (1911–1978): Pianistin; ab 1948 Prof. Staatl. Musikhochschule München 83
Schmidt, Eberhardt R.: Geschäftsführer der »Schaubude« 13, 42, 102
Schnack, Anton (1892–1973): Lyriker und Romancier 112
Schnorr, Robert (1922–2001): Dramaturg und Übersetzer 158, 168 f., 182, 191
Schündler, Rudolf (1906–1988): Schauspieler, Chefregisseur der »Schaubude« 1, 13, 15, 17 f., 20–24, 26 f., 36–38, 42, 46, 48, 52, 77, 80, 84, 102, 104, 107, 109, 17, 119, 126, 128, 136, 154, 160 f., 170 f., 180 f., 184, 200, 203 f.
Schönböck, Karl (1909–2001): Schauspieler 14, 109, 111, 128, 130, 132, 136, 151, 160
Schwarz, Joseph (1883–1945): russischer Pianist und Musikpädagoge 23
Schwenzen, Per (1899–1984): Bühnen- und Filmautor 172
Seipp, Hilde: Schauspielerin 192
Seyferth, Hanna (geb. 1911): Schauspielerin und Ballettmeisterin 132, 135

Siegel, Ralph Maria (1911–1972):
    Komponist, Texter, Musikverleger
    101
Slevogt, Nora (geb. um 1910):
    Opernsängerin 38, 167
Solti, Georg (1912–1997): Dirigent
    155 f., 159–161, 164
Sperr, Hans Joachim (1915–1963):
    Redakteur; Herausgeber des
    Wochenblatts »Münchner Tage-
    buch« 104
Stemmle, Robert (1903–1974): Regis-
    seur und Filmproduzent 9, 22, 42,
    77
Strobel, Heinrich (1898–1972):
    Musikforscher, Musikalischer
    Leiter des Südwestfunks seit 1946
    123
Stuck, Paula (1898–1976): Schrift-
    stellerin 81, 194
Sturm, Isebil (1910–1990): Drama-
    turgin an der »Kleinen Komödie«
    in München 19, 25

Tannert, Hannes (1900–1976):
    Regisseur 124
Tolle, Gustav: Bühnenbildner an der
    »Schaubude« in München 63, 113,
    127, 190

Unkel, Petra: Schauspielerin 15, 80,
    81, 132

Verhoeven, Paul (1903–1975): Regis-
    seur, Schauspieler, Autor 11, 22, 76
Vermehren, Isa (geb. 1918): Schau-
    spielerin, später Ordensfrau 9, 27
Vonficht, Rudolf: Verleger 50, 85,
    129, 158

Waldoff, Claire (1884–1957): Kaba-
    rettistin 23, 104, 107
Wallenberg, Hans (gest. 1977): Chef
    redakteur der »Neuen Zeitung« 16,
    97, 100
Wallerstein, Ellinor von (geb. 1909):
    Schauspielerin 22
Wedekind, Frank (1864–1918): Dra-
    matiker 176

Wedekind, Kadidja (1911–1994):
    Schriftstellerin und Schauspielerin
    9, 176
Wery, Carl (1897–1975): Schauspieler
    und Regisseur 155
Wetzelsberger, Bertil (1892–1967):
    Direktor der Bayerischen Staats-
    oper
Wildenhain, Hilli: Schauspielerin 17,
    22 f., 25, 28, 74, 153
Wimmer, Thomas, (1887–1887):
    Bürgermeister von München ab
    1946 159
Witt, Herbert (1900–1980): Schrift-
    steller und Kabarettist 17, 21, 50,
    52, 65, 71 f., 80, 82, 85, 93, 110,
    130, 151, 171

Zentner, Wilhelm: Musikwissen-
    schaftler 83, 155

QUELLENNACHWEIS

Alle in diesem Buch enthaltenen Chansontexte sind in ihrem originalen Wortlaut wiedergegeben, wie sie von den Autoren für die Schaubude geschrieben, von Edmund Nick komponiert und von den Darstellern gesungen wurden. Die Texte sind, soweit nicht anders angegeben, der Originalquelle der Schaubude entnommen.

Textnachweise:

Seiten 55–58, 60–63, 63–65, 67–69, 86 f., 87 f., 89 f., 92 f., 114 f., 120, 139 f., 142 f., 143–149, 150 f., 185 f., 188–190 Texte von Erich Kästner © Atrium Verlag, Zürich
Seiten 58–60: Hans Leip: *Lied im Schutt.* © Die Hanse | Sabine Groenewold Verlage, Hamburg
Seite 78: Herrmann Mostar: *Alles ist wieder gut.* Rechte bei Katinka Mostar
Seiten 90 f., 116 f., 177 f., 179–181, 187 f.: Texte von Hellmuth Krüger © Hella Krüger
Seite 138: Gunter Groll: *Die neue Schaubude oder: was ist Kabarett?* In: Süddeutsche Zeitung vom 4. März 1947
Seite 147 f.: Axel Ivers: *Eßt mehr Zement.* In: Das literarische Kabarett. Heft 5, 1947
Seite 161 f.: Herbert Hohenemser: *Ein Jahr Schaubude.* In: Münchner Mittag 1947

Abbildungsnachweise:

Seiten 51, 54: Aus »Das literarische Kabarett«. Heft 1, 1946
Seiten 92, 113: Aus »Das literarische Kabarett«. Heft 3, Oktober 1946
Seiten 57, 59, 126, 132, 135, 141, 180, 197: »Sammlung Schaubude« der Stiftung Deutsches Kabarettarchiv e.V., Mainz
Seite 32: Horst Gießner: Theaterphotograph in München
Seite 197: Photograph Weidenbaum